SDG – Forschung, Konzepte, Lösungsansätze zur Nachhaltigkeit

AF148743

Die nachhaltige Entwicklung unserer Welt ist eine der wichtigsten Herausforderungen in Gegenwart und Zukunft und zugleich eine Aufgabe, an der alle Wissenschaften beteiligt sind. Um einen sichtbaren Beitrag auf diesem Weg zu leisten, gibt SPRINGERNATURE die Buchreihe SDG – Forschung, Konzepte, Lösungsansätze zur Nachhaltigkeit heraus, in der Arbeiten aus allen Disziplinen publiziert werden können, die die wissenschaftliche Analyse oder die praktische Förderung von Nachhaltigkeit zum Ziel haben, wie sie insbesondere in den Nachhaltigkeitszielen der Vereinten Nationen definiert sind.

Brigitte Biehl

Gender und Leadership

Führung jenseits der
Geschlechterklischees

 Springer Gabler

Brigitte Biehl
SRH Berlin University of Applied Sciences
Berlin, Deutschland

Fakultät für Wirtschaftswissenschaft
FernUniversität in Hagen
Hagen, Deutschland

ISSN 2731-8826   ISSN 2731-8834   (electronic)
SDG – Forschung, Konzepte, Lösungsansätze zur Nachhaltigkeit
ISBN 978-3-658-42539-5   ISBN 978-3-658-42540-1   (eBook)
https://doi.org/10.1007/978-3-658-42540-1

Die Deutsche Nationalbibliothek verzeichnet diese Publikation in der Deutschen Nationalbibliografie;
detaillierte bibliografische Daten sind im Internet über http://dnb.d-nb.de abrufbar.

© Der/die Herausgeber bzw. der/die Autor(en), exklusiv lizenziert an Springer Fachmedien Wiesbaden
GmbH, ein Teil von Springer Nature 2023

Das Werk einschließlich aller seiner Teile ist urheberrechtlich geschützt. Jede Verwertung, die nicht
ausdrücklich vom Urheberrechtsgesetz zugelassen ist, bedarf der vorherigen Zustimmung des Verlags.
Das gilt insbesondere für Vervielfältigungen, Bearbeitungen, Übersetzungen, Mikroverfilmungen und
die Einspeicherung und Verarbeitung in elektronischen Systemen.
Die Wiedergabe von allgemein beschreibenden Bezeichnungen, Marken, Unternehmensnamen etc. in
diesem Werk bedeutet nicht, dass diese frei durch jedermann benutzt werden dürfen. Die Berechtigung
zur Benutzung unterliegt, auch ohne gesonderten Hinweis hierzu, den Regeln des Markenrechts. Die
Rechte des jeweiligen Zeicheninhabers sind zu beachten.
Der Verlag, die Autoren und die Herausgeber gehen davon aus, dass die Angaben und Informationen in
diesem Werk zum Zeitpunkt der Veröffentlichung vollständig und korrekt sind. Weder der Verlag noch
die Autoren oder die Herausgeber übernehmen, ausdrücklich oder implizit, Gewähr für den Inhalt des
Werkes, etwaige Fehler oder Äußerungen. Der Verlag bleibt im Hinblick auf geografische Zuordnungen
und Gebietsbezeichnungen in veröffentlichten Karten und Institutionsadressen neutral.

Planung/Lektorat: Ulrike Loercher
Springer Gabler ist ein Imprint der eingetragenen Gesellschaft Springer Fachmedien Wiesbaden GmbH
und ist ein Teil von Springer Nature.
Die Anschrift der Gesellschaft ist: Abraham-Lincoln-Str. 46, 65189 Wiesbaden, Germany

Das Papier dieses Produkts ist recyclebar.

Vorwort

Immer mehr Frauen erklimmen die Karriereleiter, jedoch steigt ihre Anzahl in Führungspositionen nur leicht und stagniert sogar in manchen Bereichen. Die führungsbezogene Managementforschung untersucht diese Zusammenhänge. Dort hat man sich von der Vorstellung einer „gläsernen Decke" gelöst, die Frauen und andere in Führungskreisen marginalisierte sexuelle, ethnische und soziale Gruppen erst kurz vor dem Ende des stetigen Aufstiegs aufhält. Man muss vielmehr davon ausgehen, dass Diskriminierung auf allen Stufen der beruflichen Laufbahn anzutreffen ist, was viele Führungskarrieren in ein Labyrinth führt.

Dieses Buch hilft, einen Weg vorbei an den vielen Hindernissen, unsichtbaren Barrieren und Sackgassen zu finden. Es erklärt im Rückgriff auf die internationale Managementforschung und den speziellen Bereich der Führungsforschung (Leadership Studies) die gängigen Konzepte sowie viele Fallstricke und gibt Hilfestellung. Das Buch zeigt Möglichkeiten für Führung jenseits der etablierten Geschlechterklischees und eröffnet Perspektiven für solidarisches und gemeinschaftliches Handeln. Das bedeutet, dass der Fokus dieses Buchs nicht darauf liegt, allgemeine Zahlen über Geschlechtergerechtigkeit im Arbeitsleben zu erörtern. Ebenso werden auch Familienpolitik und Kitaplätze nicht vertieft diskutiert. Vielmehr präsentiert dieser Text Einsichten aus internationalen Publikationen, diskutiert diese und reichert sie mit eigenen Erkenntnissen, weiteren Beispielen und Handlungsempfehlungen an.

Dieser Beitrag ist nötig, denn der Zusammenhang zwischen Gender und Leadership wird oft übersehen, ausgeblendet und schlichtweg geleugnet. Während nun Genderforschung in verschiedenen Wissenschaftsbereichen, im Bildungsbereich, in Medien und Politik eine zunehmende Verbreitung erlebt hat, sind solche Ansätze gerade in der deutschsprachigen führungsbezogenen Managementforschung kaum vorhanden. Sie sind nur selten Teil des Curriculums betriebswirtschaftlicher Studiengänge – obwohl man sie dort erwarten und auch benötigen würde.

Dieses Buch führt das unterbelichtete Thema Gender und damit verbundene intersektionale Diskriminierungen mit den zentralen Konzepten und Theorien ein und erweitert es um zeitgemäße Ansichten und gesellschaftliche sowie kulturelle Bezüge. Dieser Text bezieht sich auf die Recherchen im Rahmen meiner Gastprofessur für Gender und Queer Studies an der FernUniversität in Hagen an der Fakultät für Wirtschaftswissenschaft im Wintersemester 2021/22, dort assoziiert mit dem Lehrstuhl für Betriebswirtschaftslehre, insbes. Personalführung und Organisation von Prof. Dr. Jürgen Weibler. An dieser Stelle möchte ich ihm herzlich Danke sagen für die Einladung, die organisationale Unterstützung und den Zuspruch. Ebenso gilt mein Dank dem Team der Gleichstellungsstelle für das Möglichmachen und für die Ausrichtung unserer Konferenz „Jenseits von Wonder Woman und Superman: Zukunftsweisende Führung in Film und Serien" https://www.fernuni-hagen.de/gleichstellung/veranstaltungen/zukunftsweisende-fuehrung. shtml. Mein Dank gilt auch Carina Kötter und der Medienproduktion des Zentrums für Lernen und Innovation der FernUniversität in Hagen, die die Video-Serie „Gender und Leadership" (https://video.fernuni-hagen.de/Browse/Category/95) auf Grundlage meiner Skripte produziert hat. Einige Abbildungen aus den Videos illustrieren in diesem Buch die besprochenen Themen. Einige Aspekte der Bearbeitung dieses Buches wurden von der FernUniversität in Hagen, interne Fördermaßnahme „Genderforschung" unterstützt. Kritisch, tolerant und engagiert begleitet haben mich auch die Studierenden des B.A. Creative Industries Management an der SRH Berlin University of Applied Sciences (etwa auch im Modul „Feminist Theory and Queer Studies in Management"), die Studierenden der FernUniversität in Hagen (in den Seminaren „Gender und Leadership" und „Leadership und Populäre Kultur") und die Gemeinschaft um die renommierte internationale Fachzeitschrift „Gender, Work & Organization".

Das Thema **Geschlechtergleichheit** (SDG 5) gehört zu den Zielen für nachhaltige Entwicklung der Vereinten Nationen, den **Sustainable Development Goals** (SDGs). Geschlechtergleichstellung erstreckt sich auf verschiedene Lebensbereiche, zu denen auch die Arbeitswelt gehört. Die Weiterentwicklung von Führung (Leadership) ist auch verbunden mit dem Ziel der **starken Institutionen,** wenn diese besser gelenkt und gestaltet werden (SDG 16). Wenn Diskriminierung verringert wird, stärkt das auch das Ziel der **menschenwürdigen Arbeit und des Wirtschaftswachstums** (SDG 8). Das ist verbunden mit der **Verringerung von Ungleichheiten,** auch in Hinblick auf Ethnizität, Alter, Religion und soziale Herkunft (SDG 10). Wissenschaftliche Ausarbeitungen wie diese hier zu Geschlecht, welches in der Führungsforschung traditionell eher am Rande vorkommt, tragen auch zum SDG der **Bildung** bei, zu dem auch das lebenslange Lernen gehört (SDG 4).

Prof. Dr. Brigitte Biehl

Inhaltsverzeichnis

Über die Autorin

Foto: FernUniversität in Hagen

Brigitte Biehl (Biehl-Missal) ist Professorin und Studiengangsleiterin an der SRH Berlin University of Applied Sciences, School of Popular Arts. Sie ist Direktorin des hochschuleigenen Instituts für Weiterbildung IWK. Sie war Gastprofessorin für Gender und Queer Studies an der FernUniversität in Hagen und arbeitet dort am Lehrstuhl für Betriebswirtschaftslehre, insbes. Personalführung und Organisation, wo sie Co-Leiterin des Forschungsprojekts „Führung im Digitalen Raum: Chancen jenseits der Genderfalle" ist. Biehls Forschung verbindet die

Bereiche Gender, Führung und Management und bezieht künstlerische und ästhetische Perspektiven mit ein. Sie hat Theater-, Film- und Medienwissenschaft sowie BWL studiert, arbeitete an verschiedenen britischen und deutschen Hochschulen und hält Seminare und Vorträge in verschiedenen Ländern der Welt. Ab Dezember 2023 ist sie Associate Editor der Fachzeitschrift Gender, Work & Organization.

1

Gender und Führung

1.1 Einleitung

Alle Menschen haben ein Geschlecht und dieses beeinflusst ihr Arbeitsleben und ihr berufliches Fortkommen. Das wollen wir eigentlich nicht wahrhaben, denn es soll ja um unsere Kompetenz gehen, um unsere Leistung und um gleiche Möglichkeiten für alle. Dass die Welt anders tickt, zeigt sich beim Blick in die Top-Etage: Wer an Führung denkt, denkt (noch) an einen Mann. Frauen und auch nicht-binäre Menschen sind in wichtigen Leitungspositionen und einflussreichen Machtpositionen in der Wirtschaft, Politik und Kunst recht selten, und ihre Anzahl steigt vielerorts nur langsam oder stagniert in vielen Bereichen.

Es gibt eine Reihe von unsichtbaren Barrieren in der Arbeitswelt, die Frauen ebenso wie nicht-binäre Menschen benachteiligen und auch Männer, die sich nicht in traditionellen Vorstellungen von Führung wiederfinden. Damit wird der Begriff Gender in Bezug auf Führung relevant.

© Der/die Autor(en), exklusiv lizenziert an Springer Fachmedien Wiesbaden GmbH, ein Teil von Springer Nature 2023

B. Biehl, *Gender und Leadership*, SDG – Forschung, Konzepte, Lösungsansätze zur Nachhaltigkeit, https://doi.org/10.1007/978-3-658-42540-1_1

Gender

Der Begriff Gender oder Geschlecht verweist auf die Geschlechtsidentität eines Menschen als soziale Kategorie, etwa im Hinblick auf die eigene Selbstwahrnehmung, das Selbstwertgefühl oder das Rollenverhalten. Das soziale Geschlecht in Abgrenzung von dem so genannten biologischen Geschlecht wird einer Person in der Gesellschaft zugeschrieben und es wird sozial konstruiert, einschließlich der Verhaltenserwartungen und geschlechtsspezifischen Fähigkeiten („Du bist eine Frau, Du bist sicher kommunikativ!"). Die feministische Theoretikerin **Judith Butler** hat Geschlecht als „performativ" beschrieben, um diese Handlungen hervorzuheben, die Geschlecht im sozialen Gefüge entstehen lassen, aber auch ständig verändern.

Während viele annehmen, erwarten oder darauf bauen, dass rund die Hälfte der wichtigen Positionen bald von Frauen besetzt sind und das Leben von alleine vielfältiger wird, weisen Zahlen, Studien und individuelle Erfahrungen darauf hin, dass das Missverhältnis der Geschlechter sich nicht mit der Zeit ganz von selbst auflöst. Zunächst einmal können viele Menschen bestimmte Eindrücke nachvollziehen, die sich schwer in Worte fassen lassen: Die Frau kommt nach wie vor schlecht voran, nicht so gut an und erreicht ihre Karriereziele irgendwie nicht. Beim Kollegen hingegen geht es scheinbar mühelos voran. Diese Erfahrung von unsichtbaren, aber beständigen Barrieren ist in unzähligen Sprachbildern geronnen.

Unsichtbare Barrieren: Von der gläsernen Decke zur löchrigen Pipeline

Die **gläserne Decke** (glass ceiling) (Barreto et al. 2009) ist eine Metapher für nicht sichtbare, aber undurchlässige strukturelle Barrieren, die Frauen und Menschen aus Minderheiten am Aufstieg nach oben hindern. Der Blick in die Top-Etage erscheint frei, bestimmte Personen kommen aber nicht durch. Falls doch, kann es sein, dass die Firma in einer Krise steckt und beispielsweise Frauen oder People of Colour nur kurzzeitig auf die **gläserne Klippe** befördert hat, von der permanent der Absturz droht (Ryan und Haslam 2007). Die **Bamboo glass ceiling** (Tso 2018) beschreibt besondere Hürden für asiatisch-amerikanische Frauen, die zwar als ehrgeizig, hart arbeitend und gut ausgebildet stereotypisiert werden, aber sexualisiert und infantilisiert werden und als gute Follower, nicht aber als Leader gelten. Andere Sprachbilder reichen von **sticky floors** (Kee 2006) über verschiedene **Käfige** bis hin zur **Brandschutzmauer** (Bendl und Schmidt 2010). Die **löcherige Pipeline** (Eagly und Karau 2002) drückt aus, dass Frauen immer weniger werden, je höher man kommt. Die **gläserne Rolltreppe** hingegen beschreibt, dass Männer in klassischen Frauenberufen wie der Krankenpflege schneller aufsteigen. Frauen sind oft mit gebrochenen Sprossen in der Karriereleiter (**broken rung**) konfrontiert, kommen also schon bei frühen Führungspositionen nicht weiter. Da all diese Barrieren nicht erst kurz vor der Top-Etage in Form einer gläsernen Decke auftreten, wird auch von einem **Labyrinth** (Eagly und Carli 2007) oder einem **steinigen Aufstieg** (Metz und Kulik 2014) gesprochen. Auch **Intersektionalität** ist eine Metapher: mehrere Diskriminierungserfahrungen wie etwa Geschlecht, Race (oftmals im Deutschen als Ethnizität benannt), Behinderung und soziale Klasse kreuzen und verstärken sich. Diese Metaphern sind allgemeinhin sinnvoll, denn sie zeigen Machtbeziehungen und daraus entstehende Ungleichheiten, die man sonst nicht sieht. Sie liefern gut fassbare Begriffe, die über anekdotische Geschichten und individuelle Erklärungen („Der Chef kann mich nicht leiden") hinaus diskriminierende Strukturen in Institutionen und Gesellschaft sichtbar machen, die untersucht werden müssen.

Führung bedeutet Macht, Einfluss und ökonomische Teilhabe und damit verknüpfte Ungleichheiten, die die Gesellschaft bis nach unten durchziehen. Während immer mehr Frauen ihre Karriere vorantreiben, steigt die Anzahl an Frauen in Führungspositionen nicht, sondern stagniert (McKinsey und LeanIn.org 2018). Die Anzahl von Frauen in einflussreichen Machtpositionen weltweit ist immer noch signifikant niedrig (Wentzel und Werhane 2017).

Zahlen aus der deutschen Wirtschaft

Wer in die Führungsetage der deutschen Wirtschaft blickt, sieht, dass Führung vor allem männlich ist. In den 40 größten Unternehmen, die im Deutschen Aktienindex DAX gelistet sind, sind 2021 fast alle Vorstandsvorsitzenden männlich – mit Ausnahme von Belén Garijo (Merck) als einzige „Vorständin". Der Frauenanteil in den DAX-Vorständen liegt bei 17,6 %, der Frauenanteil in den von Gewerkschaften mitbestimmten Aufsichtsräten liegt bei 33 % (Scheppe 2021). In den Vorständen der 200 umsatzstärksten deutschen Unternehmen liegt der Frauenanteil heute nur bei knapp 15 % (DIW 2022). Im Bereich Unternehmensgründungen gibt es nur rund 38 % Frauen (Statista 2021). Auch in der Wissenschaft sinkt

> über alle Fachrichtungen hinweg in Deutschland der Frauenanteil mit steigender Qualifikation, nur rund ein Drittel der Professuren sind von Frauen besetzt. Über nicht-binärgeschlechtliche Personen gibt es wenig Informationen (Huffman et al. 2021).

Wo ist das Problem, da solche Positionen doch allen Menschen offenstehen? Das Deutsche Institut für Wirtschaftsforschung (2022, S. 20) formuliert, dass neben gesetzlichen Vorgaben zur Gleichstellung (etwa das Allgemeine Gleichbehandlungsgesetz AGG oder das Führungspositionengesetz FüPoG) auch „die Unternehmenskultur sowie wirtschaftliche und gesellschaftliche Rahmenbedingungen und soziale Normen" wichtige Parameter sind, um die Gleichstellung der Geschlechter in verschiedenen Bereichen der Gesellschaft zu erreichen. Geschlechtergleichstellung ist eine rechtliche, soziale und wirtschaftliche Angelegenheit, denn alle Menschen sollen am Arbeitsleben teilhaben und sich dort gemäß ihren Talenten verwirklichen und ökonomisch absichern können. Es gibt verschiedene Erklärungen für die kleine Anzahl von Frauen und nicht-männlichen Personen in Führungspositionen, die zusammenhängen: biologische Unterschiede, Eigenschaften, Sozialisation, Arbeitshaltung, Bildung, Karrieremöglichkeiten, strukturelle Erklärungen bis hin zur sozialen Interaktion.

Heute herrscht eine **unsichtbare Diskriminierung der zweiten Generation** (Ibarra et al. 2013): Es fehlen Rollenmodelle (Frauen in Führungspositionen), die Karrierewege haben typische Knicke wegen Kindern, Familien und fehlenden Netzwerken. Geschlechterstereotype (Der-Chef-ist-ein-Mann) sind hartnäckig und langlebig. Arbeit und auch Führung ist nicht nur eine rationale Sache, sondern hängt an sozialen Erwartungen, Zuschreibungen und gewachsenen Verhaltensmustern.

Wir befinden uns in einem verunsichernden Diskurs. Einerseits fehlen Prototypen für weibliche, nicht-binäre und queere Führung, und die #MeToo-Debatte hat weltweit Diskussionen ausgelöst, neue prominente Feministinnen haben die Bühne betreten (angefangen bei Beyoncé über Kim Kardashian bis hin zu Kamala Harris). Die Bundesregierung treibt **Geschlechtergleichstellung** (BMFSFJ 2017, 2021) und Antidiskriminierungsmaßnahmen voran, auch als Folge der Umsetzung europäischer Richtlinien. In Unternehmen werden auch auf rechtlichen Druck hin und aus Sorge vor Reputationsschäden Veränderungen umgesetzt.

Die Gegenreaktion folgt prompt durch jene, die Privilegien besitzen und diese nicht abgeben wollen, weder an Frauen, die sie ja „überhaupt nicht verdient" hätten, noch an „andere". Im aktuellen **Gender Backlash** sprechen einige von dem „biologischen Geschlecht" und der „natürlichen Ordnung", welche durch „Gender-Ideologie" zerstört würde (Butler 2021). Andererseits propagiert der mediale Diskurs Vielfalt und Offenheit. Weltbestseller wie „Lean In" von Sheryl Sandberg (2013) haben uns erklärt, dass wir alle für unseren Erfolg selbst verantwortlich sind und uns nur mehr reinhängen müssten („lean in"). Ebenso oft hören wir, man schaue nicht auf das Geschlecht und sexuelle Orientierung, auch nicht auf die Hautfarbe, Herkunft, Religion, Gesundheit und Alter, sondern ausschließlich auf die Kompetenz und Leistung. Unsichtbare Barrieren werden gemeinhin nicht bewusst reflektiert, sondern schlichtweg geleugnet. Dann heißt es: „Es zählt nur die Kompetenz".

Nun ist aber Führungseffektivität keine objektive Größe, die nur von der eigenen Kompetenz bestimmt wird, sondern hängt von der Wahrnehmung der anderen ab und ob diese der Führung auch folgen. Diese Entscheidung ist nicht nur rational oder von Hierarchien abhängig, sondern eine subjektive Sache im gesellschaftlichen Kontext.

> Führungspersonen können nur effizient sein, wenn andere ihre Führung akzeptieren und wertschätzen. Führungseffizienz hängt von der Wahrnehmung anderer ab, auch wenn diese von Vorurteilen, Einschätzungen und Diskriminierung beeinflusst ist.
> (Carli und Eagly 2011, S. 111, eigene Übersetzung)

Dieses Buch bringt Licht ins Dunkel und macht Dinge sichtbar, die unser Arbeitsleben bestimmen und die wir oft gar nicht wahrnehmen oder erkennen. Das sind kulturelle Annahmen, Strukturen, Praktiken, und Interaktionsmuster in Organisationen, die bestimmte Menschen benachteiligen und manche bevorzugen. Diese Mechanismen sind

Herausforderungen für alle, denn jede*r hat ein Geschlecht und arbeitet mit anderen zusammen, hat maskuline, feminine und androgyne Seiten. Eine Person orientiert sich an männlichen Normen – die andere verzweifelt daran. Für die eine ist die Sexualität ein Thema, für eine andere wiederum ist es etwas anderes. Das betrifft auch jede Führungsperson, die sich sowohl wirtschaftlich als auch rechtlich und moralisch für eine Organisation verantwortet. Schlussendlich schaffen alle gemeinsam das Arbeitsklima.

1.2   Leadership ist überall

Zunächst einmal wird Leadership, auf Deutsch auch Führung, heutzutage überall und inflationär verwendet: Jedes BWL-Studium will Leader ausbilden, jeder Boss wird als Leader bezeichnet, auch wenn es sich nur um Vorgesetzte (Manager) ohne Vision und Mission handelt, und viele Tätigkeiten in Wirtschaft, Politik und Gesellschaft werden als Leadership verklärt und glorifiziert (Learmonth und Morrell 2019).

Eine breite Sicht ist zunächst sinnvoll für dieses Buch, denn sie zeigt, dass das Thema Leadership und Gender nicht nur Menschen in formalen Führungspositionen in der Wirtschaft, der Politik oder in anderen Bereichen betrifft, sondern in vielen informellen Zusammenhängen auftaucht. **Jeder Mensch** in den heutigen kompetitiven Zeiten muss ständig „Leadership" zeigen, im Job und auch im privaten Bereich, um Dinge auf die Reihe zu bekommen und andere zu überzeugen. Das schließt unzählige Formen von Führung mit ein, die wir in den Medien sehen, seien es Meinungsführer*innen oder auch Influencer und Celebrities, die Einfluss nehmen und dabei neue Vorbilder für die Gesellschaft bieten (Biehl und Satama 2023). Auch in Filmen und TV-Serien geht es um Macht und Einfluss, um Rollenmodelle und Menschen, die folgen – oder eben auch nicht (Biehl 2020). Der Knackpunkt: Wie kommt die einzelne Person an und wie reagieren die anderen. Dabei stellt sich die Frage: Wo ist denn die Führung?

Es haben sich unterschiedlichste Führungsverständnisse entwickelt, wobei beispielsweise weit verbreitete führerzentrierte, effektbezogene und interaktionsbezogene Schwerpunkte bestehen (Weibler

2023, S. 18 ff.). Traditionell wurde Führung oft als Persönlichkeit der führenden Person begriffen, dann kann sie auch als Sinngebung verstanden werden, als Ausübung von Einfluss, als Machtbeziehung, als Überredung, als Instrument der Zielerreichung, als Ergebnis der Interaktion, als Zuschreibung und als Rolle in einer Organisation. Aktuell sieht man Führung häufig als Prozess. Führung wird nicht nur von einer Führungsperson ausgeübt, sondern von allen, die miteinander bei der Arbeit interagieren und mal die Führung übernehmen und mal folgen, oder Führung zuschreiben oder auch nicht anerkennen. Diese Herausforderung spiegelt sich auch in Weiblers (2023, S. 25) Definition im Standardwerk „Personalführung": „Führung heißt, andere durch eigenes, sozial akzeptiertes Verhalten so zu beeinflussen, dass dies bei den Beeinflussten mittelbar oder unmittelbar ein intendiertes Verhalten bewirkt." Dieses Verständnis bricht mit der traditionellen Unterscheidung zwischen Führungskraft und Geführten und betont die Beziehungen zwischen Individuen sowie sich unterschiedlich bildende Beziehungsmuster.

Führung ist also nicht nur eine **Position**, die von einer Person mit bestimmten **Eigenschaften** (Intelligenz, Gewissenhaftigkeit, Kommunikationsfähigkeit) und **Verhaltensweisen** eingenommen wird. Zum Führungsverhalten gehören eine Vielzahl von Leadership-Stilen, darunter authentische, adaptive, charismatische, dienende, gerechte, menschenorientierte, verteilte, verkörperte, partizipative, relationale, spirituelle, strategische, transaktionale, transformationale und vordenkende (thought leader) Führung, oder gar, paradoxerweise, die Abwesenheit von Führung als Führung (laissez-faire leadership). Dann gibt es Theorien, die sich mit der Frage beschäftigen, ob das Verhalten der jeweiligen **Situation** angemessen ist oder geändert werden muss. Als Fortführung dieser drei klassischen Ansätze der Führungstheorie haben sich Sichtweisen gestärkt, die die **Interaktion** und das Zusammenspiel und die gegenseitige Beeinflussung betrachten. Führung kann also als etwas begriffen werden, was zwischen den Menschen entsteht, gemeinsam geschaffen und verhandelt wird, also auch in diesem Sinne allgegenwärtig und überall ist.

Natürlich gibt es dabei auch noch Führungspersonen. Aber ob Geführte nun eine Führungsperson akzeptieren und ihr folgen, ist innerhalb dieses Prozesses nicht völlig rational, sondern mit vielen Faktoren verbunden, auch mit dem Geschlecht. Schon allein abhängig vom Geschlecht wird menschliches Handeln unterschiedlich gewertet („Er ist Boss, sie ist bossy"). Erwartungen hängen vom Geschlecht ab („Sie ist eine Frau, sie ist hilfsbereit") und passen oft nicht zu Vorstellungen von Führung („think leader, think male"). Die Forschung ist sich einig, dass in diesem Zusammenhang Geschlechterrollen, Stereotype und soziale Wahrnehmung zentral sind (Metz und Kulik 2014). Wer also führen will, wer beeinflussen will oder sich einem Einfluss widersetzen möchte, muss das Thema Gender verstehen.

1.3 Geschlecht wird sozial geschaffen

Unser soziales Geschlecht (gender) wird sozial konstruiert (Butler 2004) und ist damit etwas anderes als das von der Natur vorgegebene so genannte biologische oder anatomische Geschlecht (sex) (welches auch nicht immer eindeutig sein muss). Hier geht es nicht primär um Körper- und Geschlechtsteile, sondern um das Verhältnis der Geschlechter zueinander, die Geschlechterrollen und die Geschlechterordnung. Diese Verhältnisse sind durch Zuschreibung und Verhalten ausgehandelt, was der Begriff Gender-Performativität beschreibt. Gerade das Verhalten bei der Arbeit trägt zur sozialen und ökonomischen Konstruktion von Geschlecht bei: Wer ist auf welcher Verdienststufe, wo ist der Gender Pay Gap, wer arbeitet Teilzeit, wer hat die Führungsrolle, wer hat das Eckbüro, wer sitzt im Großraum, wer trägt welche Kleidung, wer wird gefragt, wer wird gehört?

Auf der individuellen Ebene besteht Geschlecht aus Bewegungs-, Sprach- und Handlungsmustern, die wir mehr oder minder unbewusst gelernt haben. Wer sich beispielsweise feminin verhält, spricht und anzieht, schafft das eigene soziales Geschlecht („Frau") in der Interaktion mit anderen Menschen. Ein Individuum ist bei diesem **„doing gender"** aber nicht frei, sondern in soziale Zuschreibungen (Person sieht aus wie …), Erwartungen (Ein Mann ist …) und kulturelle Vorstellungen (Eine Frau sollte …) eingebunden. Wer diesen Anforderungen entsprechen möchte, „macht" Geschlecht vermeintlich

„angemessen" („**doing gender well**"). Jedoch können Menschen die soziale Geschlechtszugehörigkeit anders praktizieren, Verhältnisse neugestalten und die binären Unterschiede weniger betonen. Das nennt sich „**undoing gender**" (West und Zimmerman 1987) oder „**doing gender differently**" (Mavin et al. 2014).

Dies ist auch wichtig für Gender und Führung, wo die Menschen nicht immer den bestehenden Erwartungen entsprechen wollen, da diese oft Barrieren für die eigene Karriere darstellen („Frauen *sind* vorrangig hilfsbereit", „Frauen wollen Kinder statt Karriere"). Veränderung ist möglich, wenn man anerkennt, dass das soziale Geschlecht und auch Führung sozial konstruiert und deshalb immer im Fluss sind.

Führung ist ebenfalls eine Konstruktion, die von Menschen zugeschrieben, also geschaffen und auch ständig hinterfragt und verhandelt wird. Führung ist geprägt von kulturellen Mythen, Praktiken und Symbolen, die beeinflussen, ob eine Organisation gewillt ist, einer Person diese Führung zu übertragen, auch wenn sie nicht den herrschenden Vorstellungen des Mainstreams entspricht. Führung wird über unser Handeln ständig geschaffen – und damit aber auch neu konstruiert. Die internationale Forschung in diesem Bereich gibt zu bedenken, dass wir alle hinterfragen und beständig gestalten müssen, was Gender in der Gesellschaft und in Führung ist und wie es gemacht wird (Fotaki und Harding 2018, S. 13). Dazu benötigt es auch Verbündete, die mehr Privilegien genießen als andere. Gemeinsam und solidarisch kann Wandel passieren.

Dabei geht es aber nicht nur um Frauen, die als Frauen* im Deutschen mit Sternchen gekennzeichnet werden können, um alle einzubeziehen, die sich diesem Geschlecht zuordnen. Sondern es geht auch um Männer und nichtbinäre Personen und die lange Reihe an marginalisierten Positionen, auch was die Sexualität und Körperlichkeit angeht. Von **intersektionalen** Diskriminierungen betroffen ist beispielsweise die ältere Frau, die schwangere Frau, die Transfrau, Person of Colour, die Person mit Migrationshintergrund, aus der Arbeiterklasse, mit einer Religion, die nicht die Mehrheitsreligion ist, mit Einschränkungen, die die psychische Gesundheit betreffen, oder mit körperlichen Einschränkungen. Geschlechter und Eigenschaften beziehen sich immer auf andere und sind immer verwoben –

feminine mit maskulinen, queeren und intersektionalen Perspektiven (Geschlecht, Ethnizität, Klasse, Religion, Weltanschauung, sexuelle Orientierung, Gesundheit, Alter). Oft werden hier binäre Gegensätze konstruiert und jede Menge Vergleiche und Abwertungsmechanismen.

Literatur

Barreto, M./Ryan, M. K./Schmitt, M. (Hrsg.) (2009): The glass ceiling in the 21st century: Understanding barriers to gender equality, Washington

Bendl, R./Schmidt, A. (2010): From 'glass ceilings' to 'firewalls'. Different metaphors for describing discrimination. In: Gender, Work & Organization, Vol. 17, S. 612–634

Biehl, B. (2020): Leadership in Game of Thrones, Wiesbaden

Biehl, B./Satama, S. (2023): Popular culture and leadership. In: Schedlitzki, D./Larsson, M./Carroll, B./Lowe, K./Bligh, M. (Hrsg.): The Sage Handbook of Leadership, 2. Aufl., London, S. 418–432

BMFSFJ (2017): Zweiter Gleichstellungsbericht der Bundesregierung. https://www.bmfsfj.de/resource/blob/119794/b69d114cfbe2b6c1d4e510da2d74fd8d/zweiter-gleichstellungsbericht-der-bundesregierung-bt-drucksache-data.pdf [10.1.2022]

BMFSFJ (2021): Gender Mainstreaming. https://www.bmfsfj.de/bmfsfj/themen/gleichstellung/gleichstellung-und-teilhabe/strategie-gender-mainstreaming [10.1.2022]

Butler, J. (2004): Undoing Gender, London

Butler, J. (2021): Why is the idea of 'gender' provoking backlash the world over? In: The Guardian, 23.10. https://www.theguardian.com/us-news/commentisfree/2021/oct/23/judith-butler-gender-ideology-backlash?fbclid=IwAR0xSpFAiSQPmUO4VaI1qLVBs8SMY96QuQ8j_mTflVB5z8QKn0viM9KYLvw [10.1.2022]

Carli, L./Eagly, A. (2011): Gender and Leadership. In: Bryman, A./Collinson, D./Grint, K./Jackson, B./Uhl-Bien, M. (Hrsg.): The Sage Handbook of Leadership, London, S. 103–117

DIW (2022): Managerinnen-Barometer 2022. https://www.diw.de/documents/publikationen/73/diw_01.c.833632.de/22-3.pdf [31.1.2022]

Eagly, A./Carli, L. (2007): Through the labyrinth: The truth about how women become Leaders, Cambridge

Eagly, A./Karau, S. (2002): Role congruity theory of prejudice toward female leaders. In: Psychological Review, Vol. 109, S. 573–598

Fotaki, M./Harding, N. (2018): Gender and the organization. Women at work in the 21st century, New York

Huffman, A./Mills, M./Howes, S./Albritton, M. (2021): Workplace support and affirming behaviors: Moving toward a transgender, gender diverse, and non-binary friendly workplace. In: International Journal of Transgender Health, Vol. 22, S. 225–242

Ibarra, H./Ely, R./Kolb, D. (2013): Women rising: The unseen barriers. Harvard Business Review, Vol. 91, S. 60–66

Kee, H. (2006): Glass ceiling or sticky floor? Exploring the australian gender pay gap. In: The Economic Record, Vol. 82, S. 408–427

Learmonth, M./Morrell, K. (2019) Critical perspectives on leadership. The language of corporate power, New York

Mavin, S./Grandy, G./Williams, J. (2014): Experiences of women elite leaders doing gender: Intragender micro-violence between women. British Journal of Management, Vol. 25, S. 439–455

McKinsey/LeanIn.org (2018): Women in the workplace 2018. https://womenintheworkplace.com/ [10.1.2022]

Metz, I./Kulik, C. (2014): The rocky climb: Women's advancement in management. In: Kumra, S./Simpson, R./Burke, R. (Hrsg.): The Oxford Handbook of Gender in Organizations, Oxford, S. 175–199

Ryan, M./Haslam, S. (2007): The glass cliff: Exploring the dynamics surrounding women's appointment to precarious leadership positions. In: Academy of Management Review, 32, S. 549–572

Sandberg, S. (2013): Lean in: Frauen und der Wille zum Erfolg, Berlin

Scheppe, M. (2021): Vorstände und Aufsichtsräte im wichtigsten Börsenindex jetzt noch männlicher. In: Handelsblatt, 5.9. https://www.handelsblatt.com/karriere/dax-40-vorstaende-und-aufsichtsraete-im-wichtigsten-boersenindex-jetzt-noch-maennlicher/27579266.html?ticket=ST-5786749-DalkW4Za5LzMWvAM9Br3-cas01.example.org [10.1.2022]

Statista (2021): Verteilung der Unternehmensgründer in Deutschland nach Geschlecht von 2004 bis 2020 https://de.statista.com/statistik/daten/studie/183846/umfrage/unternehmensgruender-nach-geschlecht-in-deutschland/ [10.1.2022]

Tso, T. (2018): The Bamboo Glass Ceiling. https://slate.com/human-interest/2018/08/asian-american-women-face-a-glass-ceiling-and-a-bamboo-ceiling-at-work.html [10.1.2022]

Weibler, J. (2023): Personalführung, 4. Aufl., München

Wentzel, R./Werhane, P. (2017): Global Women Leaders. Breaking boundaries, Northampton

West, C./Zimmerman, D. (1987): Doing gender. In: Gender & Society, Vol. 1, S. 125–151

2

Forschung und Praxis der Führung

2.1 Männliche Führungsideale

Wir dachten, dass der Schlüssel zur Führung in Fallstudien der Harvard Business School zu finden sei. Diese Case Studies lieferten aufregende Geschichten von Kerlen, die erstaunliche Dinge taten. Machertypen wie Jack Welch oder Neutronen Jack wurden als solche beschrieben, denn sie haben wie eine Bombe alles plattgemacht – es war eine Philosophie der verbrannten Erde. (Sinclair 2004, S. 8)

Im Diskurs über Führung wird das Geschlecht gewöhnlich kaum thematisiert, womit die in Organisationen dominante heteronormative Männlichkeit zum Bezugspunkt wird (Eagly und Carli 2007). Dieser Mainstream der traditionellen Betriebswirtschaftslehre wird deshalb auch als „Malestream" (Sinclair 1995) beschrieben. Gerade in Deutschland tendiert die führungsbezogene Managementforschung dazu, Genderthemen unbewusst zu maskieren (Weibler 2022).

Wenn einfach nur über Führung berichtet wird und nur bestimmte Personen gezeigt werden, ohne zu fragen, warum diese so sind, wie sie sind, werden ganz bestimmte Rollenmodelle vermittelt. Ein Beispiel

© Der/die Autor(en), exklusiv lizenziert an Springer Fachmedien Wiesbaden GmbH, ein Teil von Springer Nature 2023
B. Biehl, *Gender und Leadership*, SDG – Forschung, Konzepte, Lösungsansätze zur Nachhaltigkeit, https://doi.org/10.1007/978-3-658-42540-1_2

sind die weit verbreiteten Business-Fallstudien und die Darstellungen in den Medien. In Interviews kommen männliche Topmanager kontrollierend herüber und sprechen mit energetischen Sportmetaphern (Sinclair 2004, S. 8). Im herrschenden Diskurs ist Führung vorranging männlich, was zum Phänomen „think leader, think male" führt (Schein 2001). Auf Deutsch: Wer an Führung denkt, denkt an einen Mann beziehungsweise einen weißen, heterosexuellen Mann (Gündemir et al. 2014).

Die Forschung hat oft versäumt zu besprechen, dass Führungs-positionen meistens von Männern besetzt wurden, was zu einem bestimmten Verhalten und gewissen Vorstellungen von Führung geführt hat. Die Managementforschung ventiliert das Trugbild von „harten Kerlen", die „klare Fakten" mit „strengen Methoden" bearbeiten und zwar auf „neutrale" Art (Pullen 2018). Dabei fiel es oft gar nicht auf, dass Frauen beispielsweise an vielen Orten in Unternehmen überhaupt nicht präsent sind (Höpfl und Matilal 2007).

Auch die bekannte Autorin Sheryl Sandberg (2019, S. 181) hat thematisiert, dass es ein Problem ist, nicht über Geschlecht zu sprechen. Von den wenigen Kolleginnen in Führungspositionen höre man in den Medien: „Ich sehe mich nicht als weibliche Chefin, sondern nur als CEO!" Sie wollten nicht über ihr Geschlecht sprechen, um nicht zu signalisieren, dass sie eine Sonderbehandlung wollten oder eine Gefahr darstellen würden („Achtung, sonst verklage ich Sie!"). Da diese Frauen aber trotzdem als weibliche Topmanagerinnen wahrgenommen werden, müsse man auch diskutieren, dass sie Frauen sind. So verfolgte Sand-berg (2013) mit ihrem Weltbestseller *Lean In* das Ziel, Geschlecht am Arbeitsplatz einmal zum Thema zu machen.

Wer das Geschlecht nun geflissentlich übersieht, schreibt Führung mit traditionellen Idealtypen fort. Eine solche Sicht bringt Frauen, ebenso wie nicht-binäre und viele andere Personen, nicht mit „Führung" in Verbindung. An die herrschenden Prototypen von Führung kommen solche Menschen dann nicht heran. So hat die bekannte Leadership-Forscherin Amanda Sinclair (2004) geschildert, dass die Führungsbilder, die ihr während des Studiums angeboten wurden, sie „kalt" gelassen hatten. In der Konsequenz hatte sie sich zunächst anderen Themen in der Forschung zugewandt wie dem Change-Management oder der Ethik.

Erst später hatte sie realisiert, wie diese Darstellungen sie und andere entmutigt hatten, sich mit Leadership zu beschäftigen – theoretisch wie praktisch.

2.2   Führungsbeziehung

> Meine Versuche, wie ein Kerl aufzutreten, scheiterten kläglich. Ich wurde als zu soft, zu taff, oder zu aufdringlich beschrieben. Ein Student klagte, ich erinnere ihn an seine Mutter. Meine Kollegen dachten, ich bildete mir das ein. Bis ich mit anderen Frauen sprach, die das Gleiche erlebt hatten. (Sinclar 2004, S. 11)

Wenn Führung in der Managementforschung als abstrakte Anwendung von Kompetenzen und Fähigkeiten einer einzelnen Person beschrieben wird, greift das zu kurz. Führung passiert zwischen Menschen und hat viel mit sozialen Beziehungen und Prozessen der Anerkennung zu tun, die auch immer vom Geschlecht abhängen.

Wie Sinclair beschreibt, führt ein angeblich neutraler Blick auf Führung auch dazu, dass verkörperte Prozesse, die zwischen Personen ablaufen, ignoriert werden. Wie die Wissenschaftlerin schildert, sind das in ihrem Fall als weibliche Dozentin unter lauter männlichen Dozenten verschiedene abwertende Reaktionen auf sie und ihren weiblichen Körper. Beispielsweise wurde sie in Studierenden-Evaluationen abgekanzelt, weil sie dem dominanten Lehrerbild an der Business School überhaupt nicht entsprach. Ihre Versuche, wie die Männer aufzutreten, scheiterten kläglich. Dann wurde sie von männlichen und weiblichen Studierenden maternalisiert (wenn unbewusst Gefühle wie Zorn und Abhängigkeitsgefühle gegenüber der Mutter auf eine andere Person übertragen werden), infantilisiert (wenn eine Person als kindlich und unreif dargestellt wird) und sexualisiert (wenn ungefragt über die Person mit Bezug auf Sexualität gesprochen wird). Auf derlei Prozesse, die mit ihrem Körper und subjektiver Wahrnehmung zu tun haben, war die junge Frau mit dem ihr vermittelten Standardwissen über Leadership überhaupt nicht vorbereitet gewesen. Sie hat lange gebraucht, bis sie damit umgehen konnte. Dabei geholfen haben ihr feministische, psychoanalytische und kulturwissenschaftliche Theorien. Somit ist es entscheidend, Management und Führung unter einem breiteren Blickwinkel auch in Bezug auf Sexualität und Geschlecht zu besprechen (Sinclair 1995).

Diese Sicht drückt konkret den internationalen Forschungsstand der führungsbezogenen Managementforschung oder Führungsforschung aus. Zunächst dominierten personenzentrierte Sichtweisen auf Führung, die man in personalistischen Führungstheorien („charismatische Führung") und Eigenschaftstheorien der Führung („die Führungsperson muss intelligent und durchsetzungsstark sein") findet. Heute aber erleben wir eine Abkehr von einer heroischen, männlichen Führungsfigur und ein Hinwenden zur Zusammenarbeit.

Man geht heute stark davon aus, dass die Anhänger oder Follower eine zentrale Rolle in der Führung spielen. Führung ist dabei etwas, was *zwischen* den Menschen entsteht und verhandelt wird, und nicht einer höher gestellten Person quasi *gehört* (Uhl-Bien et al. 2014). Führung ist damit **relational** und auch oftmals geteilt, also keine One-Man-Show mehr (Endres und Weibler 2019). Führung in Organisationen und anderen gesellschaftlichen Bereichen kann nicht notwendigerweise nur mit dem Innehaben einer Vorgesetztenposition gleichgesetzt werden. Deshalb lässt sich auch zwischen **Vorgesetzten (Managern)** und **Führungspersonen (Leader)** unterscheiden. Aus einer höheren Position heraus wird zunächst einmal nur „geleitet". Ob von der Führungsperson „geführt" wird, hängt von der Zuschreibung der Mitarbeitenden ab.

Führung ist in der Praxis somit als ein **Prozess** zu sehen, der wechselseitige Macht und variierenden Einfluss – wenn auch in hierarchischen Organisationen asymmetrisch – beinhaltet. Es ist eine soziale Interaktion, die sich zwischen Menschen mit zunächst ungewissem Ausgang ereignet, wobei der Führungsanspruch mit der Bereitschaft, einer Person (konditioniert) zu folgen, in Einklang gebracht werden muss. Diese Prozesse hängen stark von der Wahrnehmung einzelner Personen ab, wobei die Wahrnehmung in unserer Gesellschaft untrennbar mit dem Geschlecht und bestimmten Zuschreibungen verbunden ist („Männer sind ehrgeizig, sie sind die Brotverdiener."). Führung ist nicht nur abstrakt und rational, sondern verkörpert und in der Vorstellung immer mit einem Geschlecht verbunden, also sozial konstruiert.

Diese Interaktion wird mit dem Begriff der **Führungsbeziehung** beschrieben (Weibler 2023, S. 20). Zwar bekommen Führungspersonen häufig einen Vorschuss zugeschrieben, aber dann wird der Führungsanspruch fortlaufend verhandelt. Erst dieses Geschehen zwischen Führenden und Folgenden lässt uns von einer Führungsbeziehung sprechen, wenn sich Führungsanspruch und Akzeptanz decken. Auch das ist oft nur temporär, denn alles kann sich schlagartig ändern – Anerkennung und Zutrauen aufzubauen ist eine langwierige Angelegenheit, die sich bei Fehltritten und unbedachten Äußerungen schlagartig in Luft auflösen kann. Abgelehnt und gefürchtet zu werden hingegen, ist recht einfach aufrechtzuerhalten (etwa durch disziplinarische Abmahnungen und Machtmissbrauch). Verschiedene Studien erklären, wie durch kleine und große Gesten und Interaktion in einer permanenten Feedback-Schlaufe die gegenseitige Beeinflussung passiert (Biehl 2019). Führung wird also ganz konkret in einer spezifischen Situation, die beständig wechselt (Projekttreffen, Außentermin, Potenzialgespräch), durch jemanden verkörpert, besitzt immer geplante und nicht geplante emotionale Wirkungen und ist notorisch subjektiv. Aufgrund ihres Geschlechts oder ihrer Sexualität sind einzelne Personen in diesem Zusammenhang durch bestimmte Zuschreibungen begünstigt oder benachteiligt.

2.3   Solidarität und Führung

Unsere Körper werden abgewertet, unsere Stimmen unterdrückt, unsere Bemühungen diskreditiert und unsere Erfahrungen ignoriert! (Abdellatif et al. 2021)

Es mehren sich Stimmen aus verschiedensten Ecken, die darauf drängen, dass neue Formen von Führung in wirtschaftlichen und gesellschaftlichen Machtpositionen etabliert werden müssen. Wie wir über Führung schreiben und sprechen beschreibt nicht nur, was Führung ist, sondern beeinflusst auch, wie wir Führung verstehen. Das hat einen Effekt darauf, wie wir handeln. Wir brauchen dringend neue Sichtweisen auf Führung und neue Formen von Führung.

Hier sind sich durch die Bank alle einig, von der großen amerikanischen Zeitschrift Harvard Business Review (Moldoveanu und Narayadas 2019) bis hin zur kritischen Managementforschung (Parker 2014). Gründe, die angeführt werden, beinhalten den übermäßigen Fokus auf die scheinbar rationalen und kognitiven Aspekte von Führung und Management und Unzulänglichkeiten in Bereichen wie dem Emotionalen (Adler 2006) und dem Menschlichen (Petriglieri und Petriglieri 2015; Pullen und Vachhani 2019). Oft wird auch die heutige Welt angeführt, die sogenannte VUCA-Welt, die volatil, unsicher, komplex und mehrdeutig (ambiguous) ist. Hier müssen am Menschen orientierte Perspektiven her.

In der Management-Forschung wird dies mit Sichtweisen gefüllt, die feministisch agieren, dezidiert anti-rassistisch, gender-inklusiv und möglichst auch ökologisch sind (Rottenberg 2018). Es wird zunehmend thematisiert, dass kapitalistische und kolonialistische Logiken dazu führen, dass das Ungleichgewicht zwischen dem globalen Norden und dem globalen Süden größer wird und dass konsequent Frauen, weniger privilegierte Menschen und Personen mit intersektionalen Diskriminierungserfahrungen an den Rand gedrängt und zu „den Anderen" gemacht werden (Smolović Jones et al. 2021). Dieses „Othering" bedeutet, sich von Menschen mit anderen Merkmalen abzu-heben und zu distanzieren („Was kümmert mich denn die Näherin in Bangladesch!"). Stimmen in der feministischen Managementforschung schließen sich Judith Butler (2004) an, die darauf hinweist, dass unser aller Leben **prekär,** endlich, körperlich und verletzlich ist, und sich gesellschaftlich häufig marginalisierte Gruppen wie Frauen, queere Menschen, arme Menschen, ethische und andere Minderheiten zu einer Koalition der großen Mehrheit zusammenschließen sollten.

Dieses Buch hinterfragt nicht nur den gegenwärtigen, genderbezogenen Diskurs in Wirtschaftsbereichen („Frauen sind in Führungspositionen unterrepräsentiert"), sondern wendet sich dagegen, oft weniger privilegierte Menschen zu „dem Anderen" zu machen, ihre Körper abzuwerten, ihre Stimmen zu unterdrücken, ihre Kämpfe zu banalisieren und ihr Wissen zu ignorieren. Dieses Denken hat mit einem rationalen Verständnis zu tun, wenn es darum geht, Voreingenommenheit gegenüber anderen zu korrigieren und Stereotype und Vorurteile abzubauen. Allerdings ist das nicht nur eine kognitive Einsicht, die Menschen hier weiterbringt. Vielmehr werden Möglichkeiten der **emotionalen Solidarität** (Vachhani und Pullen 2019) aufgezeigt, die Verbindungen und Gemeinschaft entstehen lassen können. Diese Formen der Empathie und des Einfühlens profitieren auch von der Unterstützung jener, die privilegiert genug sind, dass sie bestimmte Formen der Unterdrückung nicht erfahren mussten, sich aber trotzdem in andere hineinversetzen können und wollen. Das Buch ist also für alle Geschlechter geschrieben, die Führung und damit Zusammenarbeit anders denken und wahrnehmen möchten (müssen).

Karriere: Leitern erklimmen oder das Leben leben

Führung oder Leadership wird oft damit in Verbindung gebracht, Karriere zu machen. Im alltäglichen Sprachgebrauch wird „Karriere" mit einer Leiter assoziiert, die man erklimmt, mit den zugehörigen Statussymbolen wie dem großen Büro, dem Firmenwagen und einem höheren Gehalt. Dieses Buch über Gender und Führung geht aber über den Aufstieg in einer Firmenhierarchie hinaus und lässt sich auf verschiedenste Kontexte anwenden.

In der wissenschaftlichen Karriereforschung betrachtet man unterschiedliche Arten, wie Menschen ihre Arbeit und Berufswege in einer sich ständig verändernden Wirtschaft und Gesellschaft gestalten (Tams und Marshall 2011). So lässt sich Karriere definieren als sich über die Zeit entfaltende Folge der Berufserfahrungen eines Menschen. Professorin Svenja Tams hat einmal die Analogie zu Rainer Maria Rilke gezogen, der das Leben mit folgenden Worten beschrieben hat: „Ich lebe mein Leben in wachsenden Ringen, die sich über die Dinge ziehen". Zum Leben zählen auch Karrieren jenseits einer vertikalen Unternehmenshierarchie, mit Mobilität über Unternehmensgrenzen hinweg, Karrieren, die um persönliche und familienorientierte Prioritäten gestaltet werden, Karrieren in kreativen Bereichen, die mehr von externen Netzwerken und Projektarbeit abhängen und auch ortsspezifisch sind, also an den so genannten „Vibe" von Städten und ihre Geschichte anknüpfen (Tams und Biehl 2023). Auch diese Karrieren sind eingebettet in soziale Vorstellungen und auch hier treffen Akteur*innen auf unsichtbare Barrieren, die mit ihrem Geschlecht zu tun haben.

Ethik und Empathie: Was wir von Marina Abramović und der Oper lernen können

Gender in der Führung und in Organisationen lässt sich theoretisch beschreiben und mit Konzepten unterfüttern, beispielsweise mit Gender-Performativität, Marginalisierung und der Frau als das Abjekte (Abschn. 5.3). Aber Diskriminierung ist nicht nur eine Kopfsache, man muss sie auch wahrnehmen und sich einfühlen, um sie zu erkennen. Es geht darum, Erfahrungen unserer Welt als eine Ergänzung zu wissenschaftlicher Rationalität mit einzubeziehen. Diese Erfahrungen können uns helfen, mit Emotionen, Beziehungen und Machtfragen in der Arbeitswelt besser umzugehen.

In einem Artikel in Business Ethics Quarterly argumentiere ich, dass ästhetische Erlebnisse wie Marina Abramovićs Opernprojekt „7 Deaths of Maria Callas" einige Konflikte für Frauen in prominenten Positionen nicht nur zeigen, sondern auch erfahrbar machen (Biehl 2022). Das ist ein Training der Empfindsamkeit, die wir alle benötigen – gerade weil unsere Gesellschaft oftmals dazu tendiert, alles rationalisieren zu wollen. Dass es aber nicht reicht, beispielsweise über Führung nur „ganz rational" zu sprechen, ist deutlich geworden. Vielmehr blendet diese Sicht den Schmerz all jener aus, die man nicht ernst nimmt. Die Oper lädt uns ein, die Erfahrungen der überhöhten, bewunderten, betrachteten und dann routinemäßig wieder demontierten Frau ein wenig nachzufühlen (s. Abb. 2.1). Diese Realitäten sehen wir heute auch in der Business-Welt und Politik, wo die Frau mit ihrem weiblichen Körper ein ewiges

Abb. 2.1 „7 Deaths of Maria Callas". (Copyright: Bettina Stöß, mit freundlicher Genehmigung der Fotografin und der Deutschen Oper Berlin)

Spektakel ist und kulturell gesehen als probater Sündenbock taugt. Sie scheitert an traditionellen Führungsbildern und gläsernen Decken, stürzt von gläsernen Klippen, wird mit Verachtung bestraft, nicht befördert, ausgeschlossen. Die Diva ist ein Medium, sie berührt das Publikum, das den Schmerz in der Arie spürt, die Verzweiflung, den Verlust, die Orientierungslosigkeit. Diese Position ist nicht nur kognitiv und kopfgesteuert, sondern entsteht durch die sinnliche Wahrnehmung als eine Art körperliche Ethik (Vachhani und Pullen 2019). Wir können ethisch handeln, wenn wir uns in andere einfühlen können. Gerade wenn man Führung als zwischen den Menschen geschaffen (relational) sieht, ist moralische Führung nicht nur das Befolgen von Ethik-Kodizes und Verhaltensregeln. Vielmehr setzt sich eine Person in eine Beziehung zu anderen, kann sich einfühlen, ihre Werte erfassen und an ihre Situation emphatisch anschließen.

Literatur

Abdellatif, A./Contu, A./Motta S./Pullen, A./Smolović Jones, N. (2021): Gender, Activism and Feminist Movements, Panel hosted by British Academy of Management Gender in Management Special Interest Group. Online. 5.11. https://www.bam.ac.uk/events-landing/ems-event-calendar/gender-activism-and-feminist-movements.html [10.1.2022]

Adler, N. (2006) The art of leadership: now that we can do anything, what will we do? Academy of Management Learning and Education Journal 5(4): 486–499.

Biehl, B. (2019): 'In the mix': Relational leadership explored through an analysis of techno DJs and dancers. In: Leadership, Vol. 15, S. 339–359

Biehl, B. (2022): The diva, la Traviata, the gendered spectacle: Marina Abramović's '7 Deaths of Maria Callas'. In: Business Ethics Quarterly, Vol. 33, S. 681–685

Butler, J. (2004): Precarious Lives, London

Eagly, A./Carli, L. (2007): Through the labyrinth: The truth about how women become Leaders, Cambridge

Endres, S./Weibler, J. (2019): Plural Leadership: Eine zukunftsweisende Alternative zur One-Man-Show, Wiesbaden

Gündemir, S./Homan, A./De Dreu, C./Van Vugt, M. (2014): Think leader, think white? Capturing and weakening an implicit pro-white leadership bias. In: PloS one, Vol. 9, S. e83915

Höpfl, H./Matilal, S. (2007): "The lady vanishes": Some thoughts on women and leadership. In: Journal of Organizational Change Management, Vol. 20, S. 198–208

Moldoveanu, M./Narayandas, D. (2019): The future of leadership development. In: Harvard Business Review, Vol. 97, S. 40–48.

Petriglieri, G./Petriglieri, J. L. (2015). Can business schools humanize leadership? In: Academy of Management Learning and Education, Vol. 14, S. 625–647.

Pullen, A. (2018): Writing as labiaplasty. In: Organization, Vol. 25, S. 123–130

Rottenberg, C. (2018): The Rise of Neoliberal Feminism, New York

Sandberg, S. (2013): Lean in: Frauen und der Wille zum Erfolg, Berlin

Sandberg, S. (2019): The HBR Interview. An Interview with Sheryl Sandberg by Adia Ignatuius. In: HBR's 10 Must Reads. On Women and Leadership, Boston

Schein, V. (2001): A global look at psychological barriers to women's progress in management. In: Journal of Social Issues, Vol. 57, S. 675–688

Sinclair, A. (1995): Sexuality in leadership. In: International Review of Women and Leadership, Vol. 1, S. 25–38

Sinclair, A. (2004): Journey Around Leadership. In: Discourse: Studies in the Cultural Politics of Education, Vol. 25 S. 7–19.

Smolović Jones, S./Winchester, N./Clarke, C. (2021): Feminist solidarity building as embodied agonism: An ethnographic account of a protest movement. In: Gender, Work & Organization, Vol. 28, S. 917–934

Tams, S./Biehl, B. (2023): Cities as aesthetic sites for the social construction of creative production and career work: Insights from Berlin's electronic music scene. In: Andersson Cederholm, E./Lindqvist, K./Warkander, P./de Wit Sandström, I. (Hrsg.) Creative work. Myths, Conditions and Contexts. London: Routledge (forthcoming)

Tams, S./Marshall, J. (2011): Responsible careers: Systemic reflexivity in shifting landscapes. In: Human Relations, Vol. 64, S. 109–131

Uhl-Bien, M./Riggio, R./Lowe, K./Carsten, M. (2014): Followership theory: A review and a research agenda. In: The Leadership Quarterly, Vol. 25, S. 83–104

Vachhani, S./Pullen, A. (2019): Ethics, politics and feminist organizing: Writing feminist infrapolitics and affective solidarity into everyday sexism. In: Human Relations, Vol. 72, S. 23–47

Weibler, J. (2022). Führungsforschung und Gender – Eine Skizze. Vortrag auf der Fachkonferenz Jenseits von Wonder Woman und Superman: Zukunftsweisende Führung in Film und Serien, FernUniversität in Hagen, 8.3. https://www.fernuni-hagen.de/gleichstellung/veranstaltungen/zukunftsweisende-fuehrung.shtml
Weibler, J. (2023): Personalführung, 4. Aufl., München

3

Rollenbilder und Geschlechterstereotype

3.1 Think Leader, Think Male

Ein Kontakt aus der Wirtschaft kam zu Besuch und war enttäuscht, als wir uns zum ersten Mal trafen: „Ich dachte, Professoren müssten alt und groß sein. Aber seien Sie unbesorgt, Ihre Reputation spricht für Sie!" (Sinclair 2004, S. 11)

Wer an Führung denkt, denkt an bestimmte Personen und erwartet bestimmte Personen. Dieses Phänomen wird in der Forschung auf folgende Formel gebracht: „Think manager, think male" (Schein 2001). Auf Deutsch: Wer an Führung denkt, denkt an einen Mann. Das hat auch Professorin Amanda Sinclair erfahren, die diese unangenehme Einschätzung ihres von der Norm abweichenden und scheinbar unzulänglichen weiblichen Äußeren im einleitenden Zitat beschreibt. Als ob ihre Erscheinung dann mit großen Errungenschaften und daraus resultierender Reputation kompensiert werden müsste!

Es gibt traditionell eine hohe Übereinstimmung von Vorstellungen von Führung mit den Vorstellungen von einem Mann oder dem „erfolgreichen Macher". In unserer Kultur wurden und werden immer

© Der/die Autor(en), exklusiv lizenziert an Springer Fachmedien Wiesbaden GmbH, ein Teil von Springer Nature 2023
B. Biehl, *Gender und Leadership*, SDG – Forschung, Konzepte, Lösungsansätze zur Nachhaltigkeit, https://doi.org/10.1007/978-3-658-42540-1_3

noch angeblich männliche Eigenschaften zur Grundlage für effizientes Management erhoben. Beispiele sind: klares Denken, analytische Fähigkeiten und abstraktes Planen. Im Allgemeinen werden aktive und selbstbewusst handelnde Führungseigenschaften mit männlichen Führungspersonen in Verbindung gebracht, nicht mit Frauen. Gefühle werden nicht gezeigt, Unsicherheit wird versteckt, Zweifel verborgen, und Persönliches wird zugunsten von Aufgaben zurückgesteckt.

Stereotype Vorstellungen, Klischees und Geschlechterrollen machen Frauen und nichtbinären Personen, sowie Transmenschen die Arbeit in Führungspositionen schwer. Wie sehen denn nun die herrschenden Vorstellungen der Geschlechter aus? In der Psychologie wird das sogenannte **Bem Sex Role Inventar** (BSRI) (Bem 1974; Troche und Rammsayer 2011) eingesetzt, um zu zeigen, welche Vorstellungen von Weiblichkeit und Männlichkeit in der Gesellschaft vorherrschen (s. Tab. 3.1). Es basiert auf einem eigenschaftsorientierten Modell der Geschlechtsidentität und unterscheidet zwischen männlichen, weiblichen und neutralen Elementen, die als sozial erwünscht für das jeweilige Geschlecht gelten. Diese Eigenschaften haben sich im Zeitablauf mit dem gesellschaftlichen Wandel auch verändert, dennoch sind Unterschiede deutlich.

Nun bilden sich Menschen allgemeinhin Vorstellungen von anderen aufgrund ihrer Zugehörigkeit zu Geschlechtern oder der Zugehörigkeit zu einer sozialen Schicht („Adel"), zu sozialen Gruppen („Fußballfan"), zu ethnischen Gruppen (etwa Hautfarbe) und aufgrund ihrer Herkunft. Es wird angenommen, dass beispielsweise „die Frau" und „der Mann" scheinbar typische Verhaltensweisen mit einer Gruppe teilen. Stereotype sind die Grundlagen vor **Vorurteilen.** Wenn sie aktiviert und ver-

Tab. 3.1 Einige stereotype Eigenschaften der Geschlechter nach dem BSRI. (Eigene Darstellung, nach Bem 1974)

Männlich	Neutral	Weiblich
Aggressiv	Anpassungsfähig	Einfühlsam
Analytisch	Eifersüchtig	Gefühlvoll
Dominant	Eingebildet	Hilfsbereit
Ehrgeizig	Freundschaftlich	Kinderlieb
Eigenständig	Glücklich	Mitfühlend
Entscheidungsfreudig	Gewissenhaft	Sanft
Individualistisch	Unsystematisch	Verständnisvoll
Risikofreudig	Launisch	Warmherzig

arbeitet werden, können sie zu einer unbewussten Voreingenommenheit **(unconscious bias)** werden. Solche nicht bewussten Verzerrungen bei der Wahrnehmung, Erinnerung und Beurteilung von Menschen beeinflussen unsere Einschätzung dieser Personen in Führungsbeziehungen. Hier werden also dieselben Qualifikationen und Leistungen und Verhaltensweisen abhängig vom Geschlecht völlig anders bewertet.

Männer sind hier im Vorteil und Frauen im Nachteil, denn Geschlechterrollen von Frauen sind traditionell nicht kompatibel mit der Führungsrolle **(Inkongruenz-Hypothese).** Es ist historisch entstanden, dass mit der Industrialisierung in unserer Gesellschaft Arbeit in Unternehmen mit Männern („Brotverdiener") in Verbindung gebracht wurde, nicht mit Frauen („Familie", „Haushalt") (Eagly 1987). Das zeigt sich auch in der deutschen Wirtschaftsgeschichte, in welcher durchgehend bekannte Topmanager stets Männer sind. Zu den erfolgreichsten 100 CEOs weltweit gehören nur eine Handvoll Frauen (HBR Editors 2019). Dieses Bild wird weiter durch bestimmte Formen der Medienberichterstattung verbreitet, die sich auf in unserer Kultur herrschende männliche Führungsmythen (Weibler 2013, S. 20) beziehen. Dieser komplexe Zusammenhang prägt unsere Vorstellung davon, wie erfolgreiche Führung aussieht (s. Abb. 3.1).

Von dieser Hauptversammlung werden keine Bild- und Tonaufnahmen erstellt. (...) wird lediglich die Rede von Herrn Ackermann im Internet übertragen und aufgezeichnet. Ich darf auch Sie, meine Damen und Herren, bitten, keine Bild- und Tonaufnahmen zu machen!

Niemand - zumindest niemand, den ich kenne - will einen „Kapitalismus pur" und schon gar nicht einen Raubtierkapitalismus. Das sind Vokabeln aus der zeit des realen Sozialismus, und wohin der geführt hat, ist ja bekannt.

Abb. 3.1 Herb, männlich, dominant. Rolf-E. Breuer, Aufsichtsratsvorsitzender („Von dieser Hauptversammlung werden keine Bild- und Tonaufnahmen erstellt"), und Josef Ackermann, CEO („Niemand ... will einen Kapitalismus pur"), Deutsche Bank-Hauptversammlung 2005. (Quelle: Video freeze frame und Montage von Verena Landau (edition pass_over). Mit freundlicher Genehmigung der Künstlerin)

Obwohl Vorstellungen einer Führungsperson sich ändern und gemeinschaftsorientierte Haltungen, die mit dem Bild der Frau verbunden werden, zunehmend wertgeschätzt werden (Rosette und Tost 2010), nimmt die Anzahl an Frauen in Führungspositionen nicht rapide zu (McKinsey und Lean-in.org 2018). Die Inkongruenz-Annahme sitzt also tief (Powell et al. 2002) und wird von weiteren sozialen, institutionellen und kulturellen Faktoren und dem herrschenden Diskurs weiter verstärkt.

Sexistischer Diskurs in den Medien

Auch die Medien berichten verzerrt über die Leistungen von Frauen und Männern in Führungspositionen. Etwa wurde kritisch analysiert, dass weibliche Politikerinnen von Journalisten für ihren Körper nach der Schwangerschaft gelobt und gefragt werden, ob sich nicht überfordert seien. Bei Staatsmännern, die mit fast 70 Jahren noch Vater werden, wird die Autorität nicht infrage gestellt, sondern die Potenz gelobt (Bell et al. 2019). Maskuline Führungsklischees sind selbstverstärkend, wenn die Mehrheit der Führungspersonen Männer sind und von oben Standards setzen und vorleben und öffentlich darin bestärkt werden – und andere entmutigt werden. Bei Hillary Clinton war die Frisur immer eine Meldung wert. Auch wurde der Körper von Jacinda Ardern, Premierministerin von Neuseeland, in Bezug auf Weiblichkeit und Mutterschaft beurteilt. Damit wurde sie, obwohl sie als Politikerin auf Weltebene agiert, von anderen abgegrenzt, zurückgesetzt und als etwas Anderes dargestellt (Pullen und Vachhani 2021). Auf die sexistische Frage, ob sie sich mit Kollegin Sanna Marin treffen würde, weil sie das Alter und „andere Dinge gemeinsam" hätten, antwortete sie: „We are meeting because we are prime ministers!" (https://www.youtube.com/watch?v=yz9rg9m5dvU) Arderns Rücktritt wurde zuletzt auch mit einem zunehmend direkt auf sie persönlich gerichteten verletzenden, vulgären, hasserfüllten, gewaltbereiten und frauenfeindlichen Diskurs in den Medien und sozialen Medien in Verbindung gebracht.

Neue Rollenmodelle in den Medien

Die Rolle der Medien ist ambivalent. Einerseits werden hier Geschlechterrollen reproduziert und neue Herangehensweisen unterdrückt – andererseits stellen die Medien den Status quo auch immer infrage. Hier werden
uns auch viele neue, andere Rollenmodelle vorgeführt. Das sind starke
Frauen, queere und nichtbinäre Vorbilder, die wir nicht nur in den Nach-
richten, sondern auch in Serien sehen. Ein Beispiel ist Game of Thrones mit
den Herrscherinnen Cersei Lannister, Sansa Stark, Daenerys Targaryen, der
Ritterin Brienne von Tarth, der queeren Figur Varys, dem kleinwüchsigen
Tyrion Lannister und vielen anderen (Biehl 2020). Auch die Forschung
erkennt an, dass sich der Männlichkeits-Mythos von Führung verändert, da
moderne und weniger maskulin geprägte Vorstellungen von Führung
präsentiert werden. In diesem Zuge hat sich die Führungsforschung auch
unterschiedlichsten Blockbuster-Filmen, TV-Serien und gar dem Reality TV
zugewandt, denn hier tummeln sich viele mögliche Rollenmodelle, von
denen sich einiges in das reale Leben übertragen lässt. Hierzu gibt es
Videos von der wissenschaftlichen Konferenz „Jenseits von Wonder
Woman und Superman: Zukunftsweisende Führung in Film und Serien"
(Biehl et al. 2022).

Die angeführte Tabelle mit stereotypen Eigenschaften soll kein Leit-
faden sein, sondern der kritischen Wahrnehmung dienen. Zunächst
setzt sie Weiblichkeit immer in eine Beziehung, vergleicht sie also mit
Männlichkeit – und andersherum. Existieren also Menschen mit ihrem
Geschlecht nur als Vergleich zueinander in binärer Gegenüberstellung?
Das wird bezweifelt, denn wir fühlen uns auch als Person, wenn wir
nicht von anderen gesehen, beurteilt und wahrgenommen werden. Beispiel: Wie sehr Frau fühlt sich eine Frau im Dunkeln? Oder wenn sie
einen Berg besteigt oder ein Buch liest? (Jane Smiley zit. in Fels 2004).

Die Führungsforschung empfiehlt deshalb: Diese Geschlechterstereotype müssen erkannt werden und Frauen können an sich arbeiten,
indem sie sich als eine Person sehen, auf die nicht nur die erwarteten
Eigenschaften zutreffen, sondern auch andere (Ibarra et al. 2013). Sie
kann durchsetzungsstark, unabhängig und selbstsicher sein. Sie kann
Führung übernehmen, Bestätigung suchen und finden und durch neue
Herausforderungen und Errungenschaften wachsen. Alle Menschen

können diese Eigenschaften für sich beanspruchen, denn sie wurden nicht „selbstsicher" oder „führungsstark" geboren. Viele Erwartungen werden von außen zugeschrieben – auch wenn Personen sie überhaupt nicht besitzen. Das männlich geprägte Führungsklischee hält sich hartnäckig. Trotz aller Veränderungen über die letzten Jahrzehnte ist das Selbstbild von Männern immer noch näher dran am Bild des „guten Managers" (Powell 2014, S. 256). Dennoch verändern sich die Vorstellungen auch, beispielsweise was bei Männern das Beantragen von Elternzeit angeht oder das eigene Auftreten, das sich auch mal an metrosexuellen Vorbildern wie David Beckham orientieren kann. Der reflektierte Umgang mit Geschlechterklischees auf der persönlichen Ebene des Selbstbildes ist auch ein Schritt in Richtung Veränderung, während für die gesamtgesellschaftliche Vorstellung (wie etwa in skandinavischen Ländern) alle mitmachen müssen.

Imposter Syndrome

Das sogenannte Hochstapler-Syndrom ist eigentlich ein Hochstaplerinnen-Syndrom, denn es macht sich weniger bei Männern bemerkbar. Vielmehr leiden Frauen und unterrepräsentierte ethnische und religiöse Minderheiten darunter: Einzelne Menschen haben trotz Erfolgen große Selbstzweifel in Bezug auf die eigenen Fähigkeiten und Leistungen. Die Wurzel dieser Zweifel ist aber nicht pathologisch, also kein Krankheitsbild der betroffenen Personen. Vielmehr liegt es an den sozialen Umständen, die geändert werden müssen (Mullangi und Jagsi 2019). Diese Selbstzweifel, die aufkommen, wenn vermeintlich untypische Erfolge verzeichnet werden, behindern die Gleichstellung der Geschlechter und auch Bemühungen im Sinne von Diversity (Chrousos und Mentis 2020).

Toxische Weiblichkeit und toxische Männlichkeit

Diese binären Unterschiede können auch toxisch werden. Wenn Männer bestimmte Vorstellungen überbetonen und sich entsprechend kontrollierend, aggressiv und machtbewusst verhalten, nennt sich das toxische Männlichkeit. Im Bereich Führung beinhaltet das offensichtlichen Sexismus und sexuelle Belästigung, aber auch, konsequent negativ über die weibliche Kollegin zu sprechen, ihre Ideen zu klauen oder die Beförderung zu verweigern mit Hinweis auf eine mögliche Schwangerschaft.

Toxische Weiblichkeit hingegen bedeutet nicht anzugreifen, sondern passiv-aggressives Verhalten (Doyle 2021). Das „schwache Geschlecht" agiert hinterhältig und missgünstig, manipuliert, intrigiert und mobbt. In Führungspositionen treten derlei Frauen auch als Retterin auf und halten vermeintlich schwierige Arbeit von anderen Frauen fern – wobei sie aber langfristig deren Karriereentwicklung behindern, denn herausfordernde Aufgaben tragen zur Qualifizierung bei. Andere laden sich als vermeintliches Opfer die Aufgaben anderer noch obendrauf (die beschützende Helikopter-Mama, die Übermutter) und beschuldigen dann wie eine aggressive Märtyrerin die anderen als Verursacher ihrer Überlastung. Ein solches Verhalten schadet dem Team und hält andere davon ab, sich autonom weiterzuentwickeln. Derlei Verhalten liegt nicht nur am Charakter „der Frau", sondern ist eine Folge von sozialen Konventionen, die einzelne Frauen verinnerlicht haben und unbewusst reproduzieren.

Frauen werden durch Zuschreibungen und Verhaltenserwartungen in ihren Rollen gehalten, sie können sich nicht beliebig neu erfinden. Jedoch können sie sich verändern und nicht als Retterin oder Opfer auftreten, wenn sie das Konzept der toxischen Weiblichkeit kennen und von sich überzeugt sein können, schwierige Situationen anders zu meistern.

Think leader, think white, heterosexual male

Hinzu kommt für alle nicht-weißen Menschen die implizite **weiße** Sicht auf Führung, „think leader, think white" (Gündemir et al. 2014). Doppelt betroffen sind Frauen of Colour, indem Vorurteile aufgrund ihrer Hautfarbe mit geschlechtsspezifischen Vorurteilen zusammentreffen. Hinzu kommen weitere intersektionale Diskriminierungen wie die Religion („muslimische Frau"). Auch herrscht eine **heterosexuelle** Sicht auf Führung. Das übliche Verständnis von Sexualität und Führung in Organisationen ist cismännlich und heterosexuell. Daraus ergibt sich, dass andere benachteiligt werden, wie beispielsweise Frauen, Transmenschen, Homosexuelle und andere Identitäten im nicht-heterosexuellen Spektrum.

3.2 Zwickmühle für Frauen: Double Bind

Ich saß im Meeting und war gestresst. Das habe ich gesagt und ich habe ein Tränchen verdrückt und dann noch eines. Das Feedback war überwältigend positiv. Alle haben mich geliebt: Er hat Gefühle, er ist so offen,

er ist so nett. Als weißer, heterosexueller Mann ist das Leben einfach.
Wenn Frauen oder PoC im Meeting weinen, ist die Reaktion anders.
(Ein Kollege, selbstkritisch über seine Zeit als Dekan an einer
amerikanischen Universität)

Die weit verbreiteten Geschlechterstereotype schreiben vor und engen
ein, wie die Frau oder der Mann sich verhalten darf. Es werden bewusst
oder unbewusst bestimmte Erwartungen an die Geschlechter und ihr
Verhalten gestellt. Diese Geschlechterstereotype behindern Karrieren
von Frauen und von anderen Menschen, die nicht vom Muster „Think
leader, think (white, heterosexual) male" profitieren.

Geschlechterstereotype sind in unserer Gesellschaft mit bestimmten
Erwartungen verbunden: Wer einen „weiblichen" Körper hat, hat
ein passendes grammatikalisches Geschlecht und wird mit „sie"
angesprochen, soll sich „feminin" kleiden und bestimmte Erwartungen
in Bezug auf Verhalten erfüllen (freundlich, hilfsbereit, kinderlieb).
So werden die Unterschiede zwischen Frauen und Männern, also die
Geschlechterdifferenzen, fortlaufend produziert.

Die soziale Geschlechterrolle kann nicht einfach abgelegt oder ver-
weigert werden, auch wenn sie nicht verinnerlicht sein sollte, denn sie
wird von den anderen Menschen stetig eingefordert oder entsprechend
sanktioniert: „Diese Frau sieht ja aus wie ein Mann!", „Sie sollte freundlicher sein!", „Sie arbeitet so viel, das Baby ist ja den ganzen Tag in der
Betreuung, diese Rabenmutter!". Trifft das Verhalten nicht mit sozialen
Erwartungen zusammen, wird es gerade bei Frauen oft nicht gutgeheißen.

Solche Vorurteile werden von der Mehrzahl der Menschen nicht
bewusst reflektiert, sondern sogar schlichtweg geleugnet: „Jeder wird
hier gleichbehandelt. Bei uns zählt nur die Kompetenz!" Führung
ist aber nicht nur eine Position, von der Macht ausgeübt wird, sodass
die anderen dann tun, was verlangt wird. Führung ist ein interaktiver
Prozess, der mit der Wahrnehmung von Menschen zu tun hat und
damit, ob sie eine Person in der Führungsrolle akzeptieren. Die Voraus-
setzungen sind für Menschen nicht dieselben, wobei das Geschlecht
eine besondere Rolle spielt – neben der Ethnizität, der sozialen Schicht,
der Sexualität und anderen Faktoren. Führung von Frauen wird im
sozialen Kontext aufgrund der Geschlechterstereotype anders beurteilt
als die Führung von Männern, auch wenn beide das Gleiche tun.

Für Frauen in Führungspositionen führt dies zum Dilemma des sogenannten **Double Bind** (Doppelbindung). Ein Double Bind ist eine psychologische Sackgasse, ein Dilemma, bei dem ein Individuum widersprüchliche Anforderungen erfüllen muss und damit immer falsch liegt, egal, was es tut. Für Frauen (weiblich) ist es kaum möglich, den sozial gewachsenen Erwartungen an Führung (männlich) gerecht zu werden (s. Abb. 3.2). Vorstellungen von einer Führungsperson (durchsetzungsstark) widersprechen den typischen Vorstellungen von einer Frau (hilfsbereit). Durchsetzungsstarke Männer werden als im Einklang mit der Führungsrolle wahrgenommen. Durchsetzungsstarken Frauen hingegen wird vorgeworfen, sie seien nicht hinreichend gemeinschaftsorientiert, sondern „aggressiv", „bossy" oder „bitchy". Der Double Bind führt dazu, dass Frauen trotz Kompetenz nicht als Führungsperson akzeptiert werden und sogar auf Ablehnung oder Feindseligkeit treffen, wenn sie nicht im Einklang mit weiblichen Werten wie Gemeinschaftsorientierung erscheinen. Frauen müssten gleichzeitig Führung (maskulin) und Weiblichkeit verkörpern, was nicht möglich ist. Sie werden dann abgestraft, wenn sie irgendetwas davon verkörpern, weil

Abb. 3.2 Widersprüchliche Anforderungen führen zu einem Dilemma für Frauen. Screenshot aus dem Video „Geschlechterstereotype". (Quelle: https://video.fernuni-hagen.de/Play/4073)

es nie passt (Eagly und Carli 2007). Das lässt sich auf folgende Formel bringen: „Damned if you do, doomed if you don't." (Catalyst 2007).

Diese Vorstellungen bilden eine soziale Zwickmühle. Für Frauen in Führungspositionen ist es nicht so einfach möglich, „wie ein Mann" aufzutreten (dominant, selbstwerbend, hierarchisch), da ihr Verhalten nur aufgrund ihres wahrgenommenen Geschlechts anders interpretiert wird als das Verhalten von Männern. Frauen wirken schnell einschüchternd und dominant, etwa wenn sie offen über Erfolge sprechen – für Männer ist dies sozial akzeptiert (Carli und Eagly 2011). Herrschende Geschlechterstereotype engen Frauen ein und fordern ein bestimmtes Verhalten, auch wenn die Person sich selbst nicht als „warm", „herzlich" und „hilfsbereit" sieht und vielleicht gar nicht so ist.

Diese Doppelbindung hat einen **Doppelstandard:** Die Erwartungen *hemmen* und beeinträchtigen Frauen, *bevorzugen* aber Männer. Wenn Frauen sich wie ein Mann verhalten, wird dies nicht akzeptiert, wenn sie sich typisch weiblich verhalten, passt dies nicht zu Führung. Bei Männern hingegen geht beides. Die Doppelbindung bevorzugt Männer, wenn sie sich geschlechtsstereotyp verhalten und auch wenn sie sich nicht genderstereotyp verhalten. Dies zeigte das einleitende Zitat des weinenden Dekans.

Bei Frauen wird unterstützendes und freundliches Handeln erwartet, also als selbstverständlich vorausgesetzt und neutral bewertet. Wenn Männer unterstützend und freundlich sind, wird dies besonders positiv gewertet (Heilman und Okimoto 2007). Das bedeutet: Männer kommen damit durch, nicht hilfsbereit zu sein, Frauen nicht. Frauen müssen *sowohl* Hilfsbereitschaft und Gemeinwohlorientierung *als auch* Durchsetzungsfähigkeit beweisen, Männer müssen *nur* Durchsetzungsfähigkeit zeigen (Johnson et al. 2008).

Die Handlungsmöglichkeiten sind für Männer größer und beinhalten sowohl männliche als auch weibliche Verhaltensweisen. Die Handlungsmöglichkeiten von Frauen sind kleiner und beschränken sich vorrangig auf die weiblichen Muster. Weint der Mann, wirkt er liebenswürdig, weint die Frau, wirkt sie schwach; ärgert sich der Mann, ist er energisch, ärgert sich die Frau, ist sie hysterisch (Gillard und Okonjo-Iweala 2021). Auch Kompetenz wird bei Frauen weniger wahrgenommen als bei Männern. Das gilt besonders in der Wahrnehmung von Männern und in männlich dominierten Arbeitsumgebungen, nicht so sehr bei anderen Frauen (Eagly et al. 1992). Der Unterschied in der Wahrnehmung resultiert hier also nicht aus dem Verhalten an sich, sondern aus dem Geschlecht.

Für die Karriere ist es wichtig, diese Geschlechterstereotype und versteckten Barrieren zu erkennen. Sie müssen kritisch in den sozialen, kulturellen und organisationalen Kontext eingeordnet und besprochen werden. Es wird geraten, mit Verbündeten darüber offen zu sprechen, um emotionale Unterstützung und Unterstützung für die Planung der nächsten Karriereschritte zu bekommen. Frauen könnten dann besser erkennen, wer sie sind und wer sie werden wollen (Ibarra et al. 2013). Ebenso sollen diese Mechanismen für alle offen angesprochen werden.

Beispiel für das Dilemma: Verzerrte Leistungsbeurteilungen

Aus dem Double Bind entstehen Widersprüche: Einerseits hören Frauen, sie sollten „mehr Ellenbogen einsetzen" und andere „zur Verantwortung ziehen", aber gleichzeitig die „Erwartungen nicht so hochschrauben", „öfter Nein sagen", noch „sichtbarer" und „entscheidungsfreudiger" sein und dann aber auch noch „kooperativer". Frauen werden oft als kompetent bewertet, schneiden dann aber schlecht im Bereich Sympathie ab – während für Männer dank der geschlechtsspezifischen Voreingenommenheit Kompetenz und soziale Akzeptanz Hand in Hand gehen (Ibarra et al. 2013). Frauen werden gut beurteilt, was Zielerreichung, Entscheidungsfreudigkeit und unpopuläre Entscheidungen angeht, schneiden dann aber gleichzeitig meist schlecht ab, wenn es darum geht „die Sichtweise von anderen einzubeziehen" und „aufgeschlossen für Feedback" zu sein.

Wohlwollender Sexismus „Wie nett von Ihnen! Wie dumm von mir!"

„Kommen Sie, ich helfe Ihnen bei diesem heftigen Pitch!" – „Dieses Projekt ist viel zu anstrengend für Sie, da finden wir jemand anderen!" Wenn Frauen diese Sätze bei der Arbeit gesagt bekommen und Männer nicht, kann es sich um wohlwollenden Sexismus handeln. Dieser will Frauen vermeintlich beschützen, er sieht Frauen in ihren Rollenklischees und möchte diese so erhalten, belohnt also Frauen, die diese erfüllen.

Das Verhalten kann von Männern ausgehen aber auch von Frauen (Mutter zur Tochter, die als Unternehmensberaterin arbeitet: „Ach Kind, stress Dich doch nicht so auf Arbeit, Du bist doch kein Mann!") Das Verhalten verhindert aber Frauen in Führungspositionen (Hideg und Shen 2019). Dieser Sexismus ist subtil und mehrdeutig, anders als offene Diskriminierung („sexuelle Verführerin", „böse Feministin"). Es kann unangenehm werden, wenn es sich um unerbetene Einschätzungen handelt. Beispiele: „Sie lächeln so schön, das sollten Sie öfter tun!" (Ach ja, warum denn?); „Sie haben aber ein schönes Kleid an!" (Was wollen Sie mir damit genau sagen?). Karrieren werden auch erschwert, wenn Frauen im Arbeitsleben keine Förderung von Vorgesetzten und keine Ermutigung aus dem privaten Umfeld erhalten. Unter dem Deckmäntelchen des Beschützenwollens werden sie bevormundet und nicht einer „harten" Welt der Macht, herausfordernden Aufgaben und Statuskämpfen ausgesetzt (Hideg und Shen 2019, S. 291). Gerade solche Erfahrungen und Erfolge sind aber der Grundstein für Aufgaben auf der nächsten Stufe. Wohlwollender Sexismus kann auch demotivieren, wenn Frauen sich unbewusst anschließen und keine Karriereförderung suchen und keine Unterstützung (Coaching, Fürsprache, Zuteilung von herausfordernden Aufgaben, Informationsweitergabe, emotionale Unterstützung). Auch wurde untersucht, dass Frauen sich selbst in die Unterstützerinnen-Rolle schieben und den Führungsanspruch an die Person abgeben, die wohlwollend sexistisch auftritt (Barreto et al. 2010).

Die Forschung schlägt vor, ein Bild von Führung jenseits dieser binären Geschlechterbilder zu entwickeln. Wenn Führung als männlich verstanden wird, weisen Geschlechterstereotype Frauen immer auf eine niedrigere Position zurück. Frauen müssen sich selbst zeigen auf ihre Art und nicht als typisch weiblich. So können beispielsweise durchsetzungsstarke Frauen sehr gut bei einer Minderheit ähnlicher Frauen in der Organisation ankommen und auch bei Externen (Mavin et al. 2014, S. 234).

Die **strategische Wahl des Führungsstils** ist oft ein Versuch, mit Geschlechterstereotypen umzugehen, und eine Reaktion auf den Druck, Bestimmtheit und Autorität zu zügeln und sich gemeinschaftsorientierter zu geben (Eagly und Carli 2011, S. 110). Bezüglich der bekannten Unterscheidungen zwischen transaktionaler, transformationaler und laissez-faire Führung wenden Frauen häufiger als Männer transformationale Führungsstile an (Vinkenburg et al.

2011). Dazu gehörende Elemente wie gemeinsame Verantwortung, Kommunikation, Mentoring und Empowerment passen besonders gut zu Vorstellungen von Frauen (Fletcher 2004). Frauen könnten mit einem solchen Stil eher versuchen, sowohl durchsetzungsfähig als auch gemeinschaftsorientiert zu sein.

3.2.1 Traditionelle Rollenverteilung

> Die wichtigste Karriereentscheidung, die eine Frau machen kann, ist der Lebenspartner und ob dieser ihre Karriere unterstützt. Und das heißt nicht: „Ja, Liebling, ich unterstütze dich." Die Karriere unterstützen bedeutet, mitten in der Nacht aufzustehen und die Windeln zu wechseln, halbe-halbe. Das ist der entscheidende Faktor.
> (Sheryl Sandberg 2019, S. 189, übersetzt)

Im Volksmund heißt es: „Hinter jedem erfolgreichen Mann steht eine starke Frau." Andersherum gilt es genauso. Die Forschung hat gezeigt, dass die Partner*innen einen außerordentlich hohen Einfluss auf die Karriere haben (Barth et al. 2016; Ely et al. 2014) und emotionale und praktische Unterstützung leisten. Diese Unterstützung kommt aber öfter den Männern zugute.

Vorstellungen über die typischen Aufgaben und Eigenschaften von Frauen und Männern prägen unsere Gesellschaft trotz aller Veränderungen. Hier gehen die Karrierewege von Männern und Frauen auseinander. Zudem werden sowohl Männer als auch Frauen durch diese Zuschreibungen aber oft in der Verwirklichung ihrer Wünsche eingeschränkt (BMFSFJ 2017). Heteronormative Denkweisen wie: „Die Frau unterstützt den Mann", „Der Chef hat eine Frau (die sich um die Kinder kümmert)", „Kinder oder Karriere" lassen oft Frauenkarrieren scheitern. Andersherum wird Vätern dadurch oft die Möglichkeit genommen, Zeit mit dem Nachwuchs zu verbringen und den Grundstein für eine lebenslange, engere Bindung zu legen (Allbright 2023).

Heteronormativität ist ein gesellschaftliches Ordnungsprinzip, das Geschlecht und Sexualität normiert. Es bezieht sich auf ein binäres Geschlechtersystem, das ausschließlich zwei Geschlechter akzeptiert. Diese stehen in einem hierarchischen Verhältnis zueinander, Männlichkeit steht über Weiblichkeit. Eine heterosexuelle Orientierung ist dabei die Norm, wird also vorausgesetzt. Die heteronormative Sichtweise von dem, was scheinbar „normal" ist, schränkt für Frauen, Männer und nichtbinäre Personen in vielerlei Hinsicht (Kleidung, Aussehen, Verhalten, Berufswahl, Karriere, Beziehungen, Sexualität und viele andere Aspekte) die Möglichkeiten ein, ihr Leben und Arbeitsleben zu gestalten.

Frauenkarrieren scheitern nicht an schlechterer Bildung. Frauen liegen knapp vorne bei Schulabschlüssen und Hochschulabschlüssen (Statista 2021). In den Sozial- Wirtschafts-, und Rechtswissenschaften sind Frauen mit Männern gleichauf, in den MINT-Fächern wie Mathematik-, Ingenieurs- und Naturwissenschaften ist ihr Anteil niedriger (Bundesagentur für Arbeit 2019). Auch haben Frauen einen ähnlich starken Wunsch nach Beförderungen und Bezahlung (Konrad et al. 2000). Allerdings sind Frauen stärker in Bereichen vertreten wie Verwaltung, im Dienstleistungsbereich und in traditionell weiblichen Berufen („Kindergärtnerin"), die schlechter bezahlt und häufig gesellschaftlich abgewertet werden.

Frauen können aufgrund von Hausarbeit und Familienfürsorge weniger Zeit, Mühe und Flexibilität für die Arbeit aufbringen, obwohl sich viele Männer zunehmend im Haushalt und bei der Kindererziehung beteiligen (Wippermann 2015). Vorranging sind es Frauen, die ihre Karrieren unterbrechen, Teilzeit arbeiten oder zurückstecken (Eagly und Carli 2007). Der Zeitmangel und die Belastung sind das große Problem für viele arbeitende Menschen und vor allem für Frauen, die im Allgemeinen mit Kindern auch weniger mobil sind in Bezug auf Ortswechsel. Wer weniger Zeit hat, kann auch weniger Kontakte knüpfen und Socializing und Networking betreiben, das die Karriere voranbringt.

Vonseiten des Staates wird versucht, die Vereinbarkeit von Kindern und Karriere zu verbessern, unterstützt von flächendeckender und bezahlbarerer Kinder- und Pflegebetreuung, Elternzeit für beide

Elternteile, steuerlichen Änderungen, die Teilzeit- und Hausarbeit anders werten (Ehegattensplitting), sowie die Aufteilung der familiären Betreuungsaufgaben. In der Privatwirtschaft sehen wir Quoten für Frauen, Plädoyers für Familienfreundlichkeit, Verzicht auf übermäßige Dienstreisen und Präsenzzeiten, Mentoring und Trainingsprogramme. Gerade die amerikanische Forschung rät Frauen stets, kein schlechtes Gewissen zu haben und sich Unterstützung heranzuholen.

Vorgeschlagene Maßnahmen zur Verbesserung von Gender Diversity in Unternehmen

- Familienfreundliche Arbeitsregelungen (Teilzeit, Jobsharing, remote work), die sich auch an Männer richten (Elternzeit)
- Frauen nach Elternzeit wieder eingliedern
- Eltern mit Kindern für eine Beförderung mehr Zeit gewähren
- Anstelle langer Präsenzzeiten („long-hours norm") soll die Produktivität objektiv evaluiert werden
- Nachvollziehbare, unvoreingenommene Kriterien für Leistungsevaluation ohne Voreingenommenheit und Gender Bias
- Recruiting nicht über informelle Netzwerke, soziale Beziehungen und Empfehlungen, die bestimmte Gruppen begünstigen
- Mehr als eine Frau im Team (Alibi, Tokenismus)
- Einflussreiche Mentor*innen für Frauen
- Wachstum von Frauen fördern (herausfordernde Aufgaben)

Diese vorgeschlagenen Maßnahmen (Eagly und Carli 2007; McKinsey 2017) sind zwar wichtig, aber nicht ausreichend. Benötigt wird ein neues Verständnis von Führung und wie alle Menschen ihre eigene Rolle darin definieren (Ibarra et al. 2013).

3.2.2 Gläserne Klippe

Während in Normalzeiten gewöhnlich gilt „think leader, think male", gilt in schwierigen Zeiten „think crisis, think female" (und: „think men of colour"). Kriselt ein Unternehmen, so die Theorie der gläsernen Klippe, werden verstärkt Frauen auf die Führungsposition berufen. Die Wahrscheinlichkeit, in einer Unternehmenskrise auf eine Führungsposition berufen zu werden, ist für Frauen höher als für Männer (Bruckmüller und Branscombe 2010).

Wie kommt es dazu? Frauen werden mit **Veränderung** assoziiert, die in einer solchen Lage gefragt ist, während Männer mit **Stabilität** verbunden werden, also mit Führung in normalen Zeiten. Stereotype und dem weiblichen Geschlecht zugesprochene Eigenschaften sind ein Sinn für Gemeinschaft und Miteinander, Kommunikationsfähigkeiten, interpersonelle Kompetenzen, und im weitesten Sinne auch ein transformationaler Führungsstil. Diese scheinen vielversprechend, wenn es darum geht, ein Unternehmen in einer Krise zu führen.

Was diese **Eigenschaften** angeht, gibt es verschiedene Studien. Eine Untersuchung von Barr-Little (2020) zeigt, dass Frauen, die eine dieser schwierigen Positionen erhalten hatten, eher „gender-ambidexter" waren. Sie verkörperten also eine Mischung traditionell weiblicher Fähigkeiten und Eigenschaften (fürsorglich) und stereotyp männliche Eigenschaften (Stärke, Bestimmtheit, analytische Entscheidungsfindung). Randsley de Moura und Kolleg*innen (2018) zeigen, dass in Zeiten von Misserfolg „starke", dem Rollenklischee entgegenwirkende Frauen bevorzugt wurden. Das lässt sich so interpretieren, dass eine scheinbar starke Person gewünscht wird, die aber dennoch unübersehbar eine Frau ist und damit auch immer weibliche Klischees verkörpert.

In einer Krise sind die Führungspositionen aber besonders **prekär und riskant** und das Scheitern damit viel wahrscheinlicher. Frauen müssen also mehr Kompetenz erweisen als Männer, um sich dort zu halten und erfolgreich zu sein. Frauen und Menschen aus ethnischen Minderheiten sind in solchen Zeiten einem höheren Risiko des Scheiterns ausgesetzt als in ruhigen Zeiten (Cook und Glass 2013).

Die gläserne Klippe ist ein komplexes und von vielerlei Umständen abhängiges Konzept, das nicht vollständig bewiesen, aber zu einer Theorie geworden ist, die in der Managementforschung benutzt wird (Ryan et al. 2016). Die Forschung hat diesen Ansatz auch auf andere Leitungspositionen ausgedehnt und ebenso in die Politik und andere Arbeitsbereiche.

Frauen werden nun nicht vorrangig aufgrund ihrer Leadership Skills in der Krise befördert, sondern weil man davon ausgeht, dass sie People Skills haben und andere stereotyp weibliche Verhaltensweisen. Diese sind gerade dann nützlich, wenn es um Kündigungen geht, und darum, andere noch mal zum Durchhalten zu motivieren. Hier gibt es Stimmen, die deutlich sagen, dass Frauen **instrumentalisiert** werden und dazu eingesetzt werden, schmerzhafte Rationalisierungsmaßnahmen durchzubringen und die „Maschine der kapitalistischen Ausbeutung zu ölen" (Billing und Alvesson 2014, S. 215).

Es wird auch zu bedenken gegeben, dass Frauen auf diese Positionen berufen werden können, weil ein **Sündenbock** gebraucht wird. Dass Frauen „schuld sind" und man ihnen gegenüber misstrauisch sein sollte, ist Teil unserer Gesellschaftsordnung, in unzähligen Geschichten und der Medienkultur etabliert, wie etwa Manne (2018) in ihrem Buch *Down Girl* beschreibt. Wenn nun die Frau in der prekären Führungsposition in einem kriselnden Unternehmen versagt, sind Öffentlichkeit und Medien eher freudig dabei („War ja klar!", „Fing ja eh schon schlecht an!").

Diese Situation eignet sich dann gut dafür, die vakante Führungsposition wieder mit einem (weißen) Mann zu besetzen. Das ist der sogenannte **Rettereffekt** (savior effect) (Cook und Glass 2013): Der typische Anführer übernimmt wieder „das Ruder", alle atmen erleichtert auf („Puh, zum Glück ist jetzt wieder alles normal!") und schöpfen neue Kraft. Derlei Prozesse sind nicht rational und haben nichts mit objektiver Kompetenz zu tun, sondern sind psychoanalytisch erklärbar und eben von weitreichenden kulturellen und sozialen, geschlechtsspezifischen Annahmen beeinflusst.

Die Herausforderung ist, dass viele Personen die gläserne Klippe gar nicht als eine solche wahrnehmen. Hier wird dann geraten, die eigenen Netzwerke anzuwerfen, um von Informationen und Menschen zu profitieren, die einen gut unterrichten (Ibarra et al. 2013). Es hilft auf jeden Fall, Skepsis zu zeigen, wenn eine Beförderung in der Krise ansteht, auf die Umstände aufmerksam zu machen, Ressourcen zu verhandeln und Unterstützung zu suchen.

Da Frauen und People of Colour in Top-Positionen unterrepräsentiert sind, können solche Beförderungen in der Krise ein Weg sein, die „gläserne Decke" zu durchbrechen (Haslam und Ryan 2008, S. 543). Dabei ist die Metapher der gläsernen Klippe aber eher hinderlich. Bell und Sinclair (2022) finden das Bild zutiefst ideologisch, religiös und patriarchalisch, denn es ruft Urängste vor einem Fall aus der Höhe hervor und bringt uns in Erinnerung, wie zerbrechlich Frauen doch angeblich sind (Glas, Klippe). Das Bild der gläsernen Klippe wirkt deshalb unnötig abschreckend auf Frauen („Sei bloß vorsichtig!") und trägt eher dazu bei, sie davon abzuhalten, es überhaupt zu versuchen. Die gläserne Klippe ist also ein ideologischer **Verhinderungsmechanismus.** Es ruft zu Vorsicht und Verzicht auf, obwohl Führungspositionen per se riskanter als andere Stellen sind. Damit liefert die Metapher eine scheinbar rationale Erklärung, sich nicht reinzuhängen („lean-in", in Anspielung auf Sheryl Sandbergs Buch), sondern zurückzutreten („lean-away") und dabei zu denken, dieser Verzicht sei das Resultat der eigenen Überlegungen („Ich habe die Falle rechtzeitig erkannt!"). Dabei ist die Frau in diesem Fall nur einer nicht wirklich bewiesenen, aber weit gebräuchlichen Theorie, einer ideologischen, frauenfeindlichen Weltanschauung aufgesessen.

Die gläserne Klippe wird als Beispiel dafür gesehen, dass die führungsbezogene Managementforschung eben trotz vermeintlicher methodischer Präzision nicht neutral ist, sondern auch hier einen Diskurs produziert, der das männliche Subjekt mit seiner Körperlichkeit reproduziert und suggeriert, Frauen seien einfach zu prekär und schwach und könnten es nicht schaffen.

Dabei gibt es Gegenbeispiele von Frauen in Führungspositionen, die eben nicht versagt haben, sondern sich trotz widriger Umstände beweisen. Über diese schreiben dann Wissenschaftlerinnen wie Sinclair und Ladkin (2020): Etwa hat sich Jacinda Ardern, Premierministerin von Neuseeland, trotz verlorener Abstimmungen und der Corona-Pandemie mit einem ganz eigenen und offenen, auch verletzlichen Stil durchgesetzt. Sie war kein ängstliches Opfer der Umstände, sondern war bereit, die herrschende Unsicherheit, Verletzlichkeit und Ängste zu fühlen und zu verstehen und strategisch als Grundlage für eine neue Form von Führung einzusetzen. 2023 trat sie dann überraschend zurück. Das zeigt, wie notwendig es ist, Führung *für* Frauen zu erforschen und nicht bloß *über* Frauen zu schreiben, die passiv den Strukturen ausgeliefert sind. Es geht darum, Herangehensweisen und Methoden aufzuzeigen, mit denen sie aktiv mehr Kontrolle über ihre Karrieren übernehmen können.

3.3 Sexualität: Think leader, think heterosexual male

„Einmal saß ich mit einigen Professor*innen bei einer Versammlung und unterhielt mich in der Mittagspause mit einer von ihnen über Machtverhältnisse und Beziehungen zwischen männlichen Professoren und Studentinnen. Zwei uns gegenübersitzende, alte weiße Professoren (im wahrsten Sinne des Wortes) hatten uns anscheinend zugehört und einer gab den Altherrenwitz von sich: „Was ist daran verboten, dass man sich in eine Studentin verliebt? Sonst hätten wir unsere Ehefrauen ja gar nicht kennengelernt! Ha, ha, ha, hah!!" [...] Ich schon noch hinterher: „Sie wissen aber schon, dass das bald gesetzlich verboten wird, oder?" [Es] kehrte schlagartig Stille ein". (Sahin 2019, S. 253)

Wer an Führung denkt, hat meistens bestimmte Rollenmodelle im Kopf. Das dominante Modell ist nach wie vor: think leader, think white, heterosexual male. Das Normalverständnis von Sexualität und Führung in Organisationen ist männlich und heterosexuell. Bei heterosexuellen Cis-Männern fallen Sexualität und Führungsrolle traditionell zusammen (Sinclair 1995). Das sieht man auch in der Selbstverständlichkeit, wie diese männliche Sexualität historisch bedient wurde, wenn auch Puffbesuche steuerlich absetzbar waren.

Frauen hingegen dürfen **keine aktive Sexualität** zeigen (Brewis 2005). Das wird sanktioniert, und zwar beispielsweise dann, wenn weibliche Vorgesetzte eine Affäre mit einem untergebenen Mann haben. Dies wird nicht geduldet und medial und sozial abgestraft: Es herrscht Gender-Konfusion, das Verhältnis dreht sich, die Frau ist dann diejenige, die den anderen penetriert und beherrscht, selbst wenn die Beziehung einvernehmlich war (Fotaki und Harding 2018, S. 91). Die Frau wird wie ein böser Mann dargestellt und durch das mediale Dorf getrieben, oder eben durch die Firma.

3.3.1 Homosexualität

Vor allem wird Sexualität reguliert, wenn sie nicht heterosexuell ist. Die Forschung über Männer und Männlichkeit in Organisationen zeigt die Erwartungen an Männer, die „wie Männer" auftreten sollen. Man muss aber auch fragen, inwiefern und warum Männer wie *bestimmte* Männer sein sollen. Als Organisationsprinzip von Männlichkeit reguliert Homophobie die Beziehungen zwischen Männern und zeigt, wer die Idealstandards nicht erfüllt und kein „richtiger Mann" ist (Rumens 2014, S. 465–466). Darunter fallen homosexuelle Männer. Wenige Topmanager*innen sagen offen, dass sie **nicht** heterosexuell wären.

Was bedeutet das für Personen, die zur LGBTQIA + Community gehören?

LGBTQIA + steht für lesbisch, schwul, bisexuell, trans*, queer, inter*, und asexuell, das „ + " deckt alle weiteren Identitäten ab, also agender, pansexuell und so weiter. Das bezeichnet alle Personen, die nicht heterosexuell sind oder sich nicht mit dem ihnen bei der Geburt zugeteilten Geschlecht identifizieren, also transgender und nicht cisgender sind. Obwohl die gesellschaftliche Akzeptanz vielerorts stetig zugenommen hat, ist die Arbeitswelt hinterher.

Die sexuelle Identität ist bei lesbischen, schwulen, bisexuellen und pansexuellen Personen am Arbeitsplatz nicht sichtbar. Sie entscheiden sich oft für Vortäuschen, Verbergen, oder geben indirekte Anzeichen. In Deutschland – das hier im Vergleich hinten liegt – hat sich nur rund ein Drittel aller nicht heterosexuellen Angestellten im Job explizit geoutet aus Angst vor Diskriminierung und dem Karriere-Aus (Graml et al. 2020). Für Transpersonen kann ein Outing sogar zu realen Gefahren für Leib und Leben führen. Diese und andere sexuelle Minderheiten werden oft „als Bedrohung" verstanden und nicht „als bedroht".

Strategien des Verbergens

Mustafa Özbilgin und Kolleg*innen (2022) haben eine Reihe von Strategien untersucht, die anstelle eines Coming Out im Rahmen des **Passing** (von Englisch „to pass": bestehen, durchkommen) von LGBTQIA + -Angestellten im Job verwendet werden. Das „Passen" kann sich auf Verhaltensweisen und Kleidung und Sprache einer privilegierten Gruppe beziehen und das Verbergen bestimmter Identitätsmerkmale, in diesem Fall der sexuellen Identität, oder der Geschlechtsidentität bei Transpersonen. Die Strategien sind abhängig von der Akzeptanz auf der persönlichen Seite und von der Haltung der Unternehmen. Im Falle des **normalisierten Passing** wird beispielsweise eine homosexuelle Orientierung von beiden Seiten abgelehnt, also vom Unternehmen nicht toleriert und vor der Person sich selbst auch noch nicht eingestanden. Beim **defensiven Passing** reagiert nur das Unternehmen ablehnend auf sexuelle Identität und die Person ordnet sich defensiv ein und unter. In selteneren Fällen des **strategischen Passing** würde das Unternehmen zwar mit Akzeptanz reagieren, die jeweilige Person ist jedoch selbst nicht bereit. Im Falle des **instrumentellen Passing** herrscht Akzeptanz für ein Coming Out auf beiden Seiten. Dies wird jedoch nicht vollzogen, da Privilegien für Heterosexuelle oder Cispersonen im jeweiligen Kontext so deutlich sind, dass sie abschreckend wirken und sich die jeweiligen Personen ein Coming Out eher überlegen.

Die bekannten Ein- und Ausschlussmechanismen bei Führung greifen oft aufgrund des Geschlechts, wenn Frauen und nicht-binäre Menschen benachteiligt werden. **Homosexuelle** Menschen werden vorranging aufgrund ihrer **Sexualität** ausgeschlossen. Das dominante heterosexuelle und cismännliche Bild von Führung passt nicht nur nicht zum Bild von Frauen, sondern auch nicht zum Bild von queeren Menschen (s. Abb. 3.3). Beispielsweise wird ein schwuler Mann bisweilen nicht als „richtiger Mann" (Rumens 2014, S. 466) eingeordnet. Zunächst passiert eine Klischee-Verschiebung: Lesbischen Frauen werden tendenziell männliche Eigenschaften zugeschrieben, schwulen Männern weibliche. Das ist die Implicit Inversion Theory (Kite und Deaux 1987). Damit werden auch die Zuschreibungen in der heterosexuellen Matrix verändert (beispielsweise: Frauen begehren Frauen) und in der Folge auch die Zuschreibungen von Führung.

Schwule Männer werden weniger direkt dem Bereich Führung zugeordnet, während heterosexuelle Männer dort gesehen werden, und passen höchstens in traditionell weibliche Führungsrollen. So wird von schwulen Mitarbeitern eher erwartet, dass sie in Bereichen gut sind, die soziale Kompetenz und Kreativität voraussetzen. Weniger Kompetenzen werden ihnen dagegen in stereotyp männlichen, also kalkulierenden und führenden Bereichen zugeschrieben (Barrantes und Eaton 2018). Hinzu kommt die Homophobie anderer Männer. Schwule sind

Abb. 3.3 Die Kollegenschaft spricht und phantasiert gerne mal über die sexuelle Ausrichtung von homosexuellen Mitarbeitenden und nimmt sie als weniger passend für eine Führungsrolle wahr. Screenshot aus dem Video „LGBTQIA + und Führung". (Quelle: https://video.fernuni-hagen.de/Play/4076)

Aggressionen ausgesetzt: Sie müssen obszöne Kommentare und Witze erdulden, ihre Fähigkeiten werden infrage gestellt und die Gruppe übt Druck aus.

Lesbische Frauen am Arbeitsplatz erleben erstens Diskriminierung aufgrund des Geschlechts und zweitens aufgrund ihrer sexuellen Orientierung. Sexuelle Minderheiten werden übersexualisiert, das heißt, andere Persönlichkeitsmerkmale treten in den Hintergrund. Dies kompensiert aber nicht, dass lesbische Frauen durch die Implicit Inversion Theory einen kleinen Vorteil in der Zuschreibung von Führungsfähigkeiten haben. Sie werden demnach manchmal eher für führungstauglich gehalten als heterosexuelle Frauen.

Homosexuelle Beziehungen werden im heteronormativen Mainstream besonders begutachtet und tendenziell abgelehnt. Gerade am Arbeitsplatz – der kopforientiert, körperlos und gender-neutral sein will, es aber nicht ist – werden homosexuelle Menschen als körperlich und sexuell wahrgenommen und damit als weniger passend zu den Arbeitsanforderungen. Sie werden von Informationen ausgeschlossen, sozial isoliert und nicht befördert. Vielfältige Diskriminierungserfahrungen führen dazu, dass bei LGBTQIA+-Menschen Depressionen, Angstzustände und körperliche Beschwerden zunehmen und die Berufslaufbahn behindern können (Graml et al. 2020). Diese benachteiligenden Mechanismen werden von vielen heterosexuellen Menschen im Berufsleben nicht wahrgenommen und nicht reflektiert.

3.3.2 Transsexualität

> Jemand hat Transfrauen als transidentifizierende Männer beschrieben. ... „Eine Transfrau (sic) ist männlich!" Das ist scheinbar die Logik. Ich habe keinen Penis (mehr) aber für so jemanden bin ich für immer von ihm geprägt, wenn sie mich mit leerem Blick anschauen und mit jedem darüber reden, nur nicht mit mir. Ich bin ein Objekt der Verachtung und des Hasses für sie, weniger als ein Mensch, ihrer Aufmerksamkeit nicht wert und ihres Verständnisses schon gar nicht. All der Schmerz, den ich erlitten habe, bedeutet ihnen nichts. (O'Shea 2021, S. 633)

Ausschlussmechanismen aufgrund des Geschlechts betreffen auch nicht-binäre Menschen, die dann beispielsweise nicht als „richtige Frau" gelten. Managementforscher*in O'Shea (2019) schildert beispielsweise in der Publikation „Cutting my dick off" eindrücklich, wie O'Shea selbst nach einer geschlechtsangleichenden Operation noch als Mann bezeichnet und systematisch belächelt oder abgelehnt wurde. Trans*Menschen werden nicht immer eindeutig als ihr tatsächliches Geschlecht wahrgenommen: Eine Trans-Frau wird unter Umständen weiterhin als Mann gelesen, weil etwa ihr Aussehen und ihre Stimme nicht stereotyp feminin wirken. Dieses ungefragte Einordnen in die falsche Kategorie kann auch zu verletzendem **Misgendern** führen (wenn etwa das Pronomen „er" anstelle von „sie" verwendet wird). Es kann auch dazu führen, dass der Geburtsname (Tony statt Tina) verwendet wird, falls er bekannt ist. Das ist das sogenannte **Deadnaming.** Trans*, nicht-binäre, genderfluide, und agender Personen ordnen sich selbst ein mit ihrer Wahl der Pronomen, die andere dann auch respektieren sollen.

Bei Transpersonen kann neben der generellen Diskriminierung der **Führungsstil anhand des falschen Geschlechtersterotyps eingeordnet** werden: Das zeigt eine Untersuchung von Muhr und

Sullivan (2013) über das Führungsverhalten einer transweiblichen Führungsperson während der Transition. Selbst wenn Kolleg*innen die Person und ihr verändertes Äußeres akzeptierten, fiel es ihnen schwer, sie in der Führungsrolle außerhalb der binären und heterosexuellen Zuschreibungen zu begreifen: Die Führungseigenschaften der Person wurden in ihrem zuvor männlich aussehenden Körper („John") als passend und natürlich empfunden. Dann später in einem weiblichen Körper („Claire") als unnatürlich. Dieser Fall zeigt noch einmal auf die Spitze getrieben, wie alle Führungspersonen in binäre und heterosexuelle Geschlechterklischees eingebunden sind, obwohl Führungseigenschaften mit dem individuellen Charakter, der Unternehmenskultur und den Umständen zu tun haben und nicht mit der Sexualität oder der Geschlechtsidentität.

Was können Unternehmen tun? Hier wird geraten, Einstellungs- und Beförderungsverfahren auf Neutralität in Bezug auf Gender und sexuelle Orientierung zu prüfen. Der respektvolle Umgang in Führungsgremien sowie in Personalabteilungen lässt sich auch anhand von gemeinsam gestalteten Workshops weiter erarbeiten. Hier geht es nicht um bloße Pflichtschulungen, sondern darum, dass cisgender und heterosexuelle Führungskräfte und Teammitglieder ihre eigenen Privilegien und sozialen Vorteile erkennen und reflektieren. Für Einzelne ist es wichtig, Erfahrungen mit den Mitgliedern der LGBTQIA+-Community auszutauschen und sowohl im Kopf zu verstehen als auch sich empathisch einzufühlen. Es geht nicht darum, queere Personen auszufragen über Sachverhalte, die man online selbst recherchieren kann („Also, diese OP, wie war das denn jetzt?"). Man kann Unterstützung signalisieren („Was können wir als Team für unsere gute Zusammenarbeit tun?"). Es geht es darum, solidarisch zu sein und zu erkennen, wie die Dominanzgesellschaft andere an den Rand drängt.

Es ist auch keine Lösung, queere Mitarbeitende und Führungskräfte zu „tolerieren". **Bloße Toleranz** hält lediglich Kategorien aufrecht wie „normal" und „nicht normal – aber okay" (Muhr und Sullivan 2013). Vielmehr wäre es notwendig, Führung selbst anders oder „queer" zu denken. Also Verknüpfungen wie „Mann – handelt männlich – steht auf Frauen – ist Chef", „Frau – handelt feminin – steht auf Männer – hilft dem Chef" nicht als natürlich zu sehen, sondern kritisch zu hinterfragen. So wäre es möglich für jede Führungsperson, sich jenseits binärer Mann-Frau-Zuschreibungen zu verhalten und mit emotionaler Solidarität gemeinsam Vorstellungen von Führung zu verändern.

Der gläserne Schuh: Zu wem passt das Berufsbild

Alle Berufe sind mit **bestimmten Vorstellungen** verbunden. Wer an „Manager" denkt, denkt häufig an einen Mann (heterosexuell, cismännlich). Diese Vorstellungen sind historisch gewachsen. Die in den jeweiligen Berufen sichtbaren Identitäten bestimmen unser Bild von bestimmten Tätigkeiten, wie auch von Führung. Bestimmte Menschen passen ganz natürlich in bestimmte Vorstellungen – und zu anderen passen diese Vorstellungen einfach überhaupt nicht. Das wird auch mit der Metapher des gläsernen Schuhs („glass slipper") beschrieben (Ashcraft 2013), der im Märchen Aschenputtel nur einer bestimmten Person passt. So passen auch im Arbeitsleben manche Menschen nicht recht in tradierte Berufsvorstellungen. Beispiele: die einzige Frau im Vorstand, die Frau im Cockpit („Was gibt es zu essen?" – „Das weiß ich nicht, ich fliege die Maschine und bin nur kurz aus dem Flight Deck in die Bordküche getreten."), die weibliche Sommelière („Bedienung, die Rechnung!"), die junge Professorin auf einer Konferenz („Über was promovieren Sie denn gerade und bei wem?" – „Meine Doktorarbeit ist schon 15 Jahre her."), die weibliche DJ backstage im Club („Und von welchem DJ bist Du die Freundin?" – „Ich lege hier gleich selbst auf!"). Intersektional gesehen ist das die Transfrau im Vorstand oder die lesbische Frau im Vorstand. Die „lesbische Vorständin" beispielsweise arbeitet nicht nur „als Frau" auf einer männlich dominierten Stufe, sondern ihre Sexualität wird anders als bei heterosexuellen Frauen noch einmal besonders hervorgehoben, bewertet und kommentiert. Andere Beispiele: Die einzige Person of Colour im Aufsichtsrat, die homosexuelle Woman of Colour und so weiter. Letztere erhalten besondere Sichtbarkeit (Hypervisibilität), die unsere Vorstellungen aber nicht verändert, wenn sie nur Alibipolitik von Unternehmen (Tokenismus) sind, die sich nicht in allen Bereichen fortsetzt.

Der gläserne Schuh lässt sich durch eine kritische Sicht auf die **gläserne Ästhetik** erweitern, also die sinnliche Anmutung solcher Berufe: Vorstandzimmer, Cockpits, die Arbeitsplätze von DJs mit Mischpult, CDJs und Kabeln, sind maskulin codiert, haben einen männlichen Stil und sind bisweilen voll mit bestimmten Geräten oder „Männerspielzeug" (Chefsessel, Automodell, Rudermaschine). Sie wirken deshalb sozial und kulturell abschreckend auf das weibliche Geschlecht, auf Menschen aus weniger privilegierten sozialen Schichten und auf Menschen mit einem anderen ethnischen Hintergrund als die Mehrheitsgesellschaft (Parsley 2022). Es gilt, diese Mechanismen zu erkennen und sich mit ihnen auseinanderzusetzen, anstatt sich abschrecken zu lassen.

3.4   Intersektionale Perspektiven

> Der Präsident einer deutschen Universität soll in einem Interview
> [...] gesagt haben, dass „der Intelligenzquotient männlicher türkischer
> Migrantenkinder geringer" sei als jener „der deutschen Kinder". Ich
> frage mich seitdem, was eine solche Aussage mit jungen Studierenden
> mit türkischem, kurdischem oder arabischem Background macht, die es
> ohnehin nicht leicht haben im deutschen Bildungssystem. Mich persön-
> lich verfolgt dieser Satz seit Jahren. Immer, wenn ich eine Ausgrenzungs-
> erfahrung im Wissenschaftsbetrieb mache, denke ich an ihn. (Sahin
> 2019, S. 257)

Frauen erfahren aufgrund ihres Geschlechts im Arbeitsleben offene
und versteckte Formen der Diskriminierung. Jedoch haben nicht alle
Frauen die gleichen Probleme. Schon aufgrund der sozialen Schicht
werden manche Frauen mehr akzeptiert und andere weniger. Auch
die Hautfarbe beeinflusst. Beispielsweise wurden Women of Colour in
Großkonzernen in den USA historisch besonders benachteiligt – und
ihre Erfahrungen lange nicht gehört.

Der Begriff Intersektionalität beschreibt, wie verschiedene Diskriminierungsformen zusammenwirken: etwa Geschlecht und Race
oder Geschlecht und spezifische Klassenzugehörigkeit. Außerdem
können weitere Faktoren wie Körper, Gesundheit, Alter, Kultur,
sexuelle Orientierung oder Religion für verschiedenste Individuen aller
Geschlechter Mehrfachdiskriminierung entstehen lassen. Die Auswirkungen: Personen werden wirtschaftlich und gesellschaftlich ent-
machtet.

Einzelne Aspekte addieren sich nicht nur. So kann eine schwarze Frau
in einer Führungsposition ganz spezielle Unterdrückungserfahrungen
machen – die weder eine weiße Chefin treffen noch eine Frau, die
nicht in einer gut bezahlten Position ist. Bei Women of Colour treffen
geschlechtsspezifische Vorurteile mit Vorurteilen aufgrund ihrer Hautfarbe zusammen.

Misogynoir: Abwertung schwarzer Frauen

Wenn selbstbewusste Frauen bisweilen schlecht ankommen („Karrierefrau", „Rabenmutter", „Queen Bee"), werden gerade schwarze Frauen intersektional weiterreichend diskriminiert. Michelle Obama als einflussreiche Person des öffentlichen Lebens wurde in den Medien oft als „angry black woman" bezeichnet (Jones und Norwood 2016). Diese rhetorische Figur stellt schwarze Frauen, die Emotionen zeigen, als aggressiv, launisch, unlogisch, anmaßend, feindselig und ignorant dar. Frauen dürfen auch im Job kaum wütend sein, sonst werden sie als emotional, schwierig und unprofessionell stigmatisiert – Wut ist eine als männlich angesehene Emotion (s. Abb. 3.4). Gerade schwarze Frauen dürfen sich in einer weißdominierten Gesellschaft nicht wehren, sollen ihren Schmerz herunterschlucken und den Status Quo akzeptieren. Das wird zunehmend kritisiert: alle Menschen dürfen ihre Emotionen wahrnehmen und verarbeiten!

Der Begriff misogynoir (Kofferwort aus misogyny und noir) bezeichnet den spezifischen Hass, Widerwillen, Argwohn und das Vorurteil gegenüber schwarzen Frauen (Bailey 2021). Transmisogynoir beschreibt die Unterdrückung schwarzer Transfrauen. Der Begriff strahlt Rassismus, kolonialistische Perspektiven und eine abwertende Sexualisierung der schwarzen Frau aus (siehe auch #SayHerName auf sozialen Medien). Die Gewalt-, Trauma- und Missbrauchserfahrungen schwarzer Frauen werden noch weniger erstgenommen als die von weißen Frauen.

Abb. 3.4 Weiße Männer dürfen sich im Büro schon mal aufregen, gerade schwarze Frauen hingegen weniger. (Quelle: Screenshot aus dem Video „Intersektionalität". https://video.fernuni-hagen.de/Play/4075)

In Bezug auf Abstammung und Religion kann eine in Deutschland arbeitende Frau mit **türkischem Hintergrund** intersektional durch das Patriarchat *und* rassistische Strukturen in der Dominanzgesellschaft betroffen sein. Gerade wenn sie gläubig ist und **Kopftuch** trägt, welches Ressentiments gegen „den Islam" gewöhnlich verstärkt. Zudem kann sie innerhalb der türkischen Community von weiteren Anfeindungen und Ausschluss betroffen sein, wenn sie auffällig modisch gekleidet ist und sich schminkt und sich gegen frauenverachtend ausgelegte heilige Schriften stellt. Wenn sie dann gar noch sexuell auftritt, rappt und im Bereich der Wissensarbeit an einer Uni arbeitet, ist sie Ausgrenzung von allen Seiten ausgesetzt (Sahin 2019). Als Token für Vorzeigezwecke für Diversity werden sie prekär beschäftigt – während assimilierte bürgerliche Menschen dort mit unbefristeten Verträgen eingestellt werden. Das ist ein Beispiel für Ausschlussmechanismen.

Intersektionale Diskriminierungsformen sind komplex. Wenn etwa eine Frau eine schwarze Muslimin (mit oder ohne Kopftuch) ist oder Kurdin oder Alevitin oder wenn sie offen lesbisch lebt. Dann spielen noch weitere Rassismen und queerfeindliche Sexismen eine Rolle. Das gilt auch für Männer, wenn sich in ihnen intersektional eine marginalisierte Religion und etwa eine Herkunft aus der Arbeiterklasse im Arbeitsleben verbinden.

Cis-Frauen mit weißer Hautfarbe aus der Mittelschicht sind jedoch auch nicht von intersektionaler Diskriminierung ausgenommen, etwa wenn sie **älter** werden. Ein älterer weiblicher Körper ist in der Arbeitswelt historisch seltener und größerer Beobachtung ausgesetzt als der alternde Männerkörper. Auch in den Medien, wo wir weniger alte Schauspielerinnen als alte Schauspieler sehen.

Zu intersektionalen Erfahrungen gehören auch Kombinationen mit von außen nicht sichtbaren **psychischen Erkrankungen**. Diese führen ebenfalls oft schon alleine dazu, dass Menschen diskriminiert werden. Allerdings wird das Thema Mental Health zunehmend enttabuisiert.

Die **psychische Gesundheit** ist von persönlichen Merkmalen geprägt, aber auch von sozialen Umständen und Umweltfaktoren beeinflusst: Intersektionale Diskriminierungen setzen Menschen unter Stress, üben Druck aus und können die Person weiter an den Rand drängen. Betroffene werden dann oft im Berufsalltag unterbewertet, missverstanden und andere arbeiten nicht gerne mit ihnen zusammen. Zwar soll das Allgemeine Gleichbehandlungsgesetz Menschen schützen, aber der Diskriminierungsbericht der Bundesregierung zeigt, dass auf dem Arbeitsmarkt massiv benachteiligt wird. Diskriminierung kann den wirtschaftlichen und gesellschaftlichen Zusammenhalt unterminieren. Führung muss dabei rechtlichen Vorschriften gerecht werden und moralische Anforderungen erfüllen.

Führungspersonen stehen auch zunehmend in einer „Führungsbeziehung", in der mehrere Personen aufeinander Einfluss ausüben. Somit geht es zunehmend darum, sich nicht nur trotz, sondern wegen der Unterschiede zu respektieren. Für die Arbeitnehmer*innen bedeutet dies, sich nicht als Einzelkämpfer*in zu sehen, sondern solidarisch in der Unterschiedlichkeit zu sein. Dazu gehört das Verständnis von besonderen, mehrfachen Diskriminierungserfahrungen.

Die aufmerksame Führungskraft: Eine Verbündete gegen Rassismus

In Zusammenarbeit mit der Organisation Catalyst haben Erskine et al. (2023) Rassismus in der heutigen Arbeitswelt untersucht. Frauen erleben sowohl offenen als auch verdeckten Rassismus, wobei dieser Frauen intersektional in stärkerem Ausmaße betrifft, etwa wenn sie eine dunklere Hautfarbe (Colorismus) haben, eine bestimmte Haarstruktur (Texturismus), wenn sie Transfrauen (Cissexismus) oder queer (Heterosexismus) sind. Es ist notwendig Anstrengungen zu unternehmen, um Veränderungen am Arbeitsplatz voranzutreten. Folgende Schritte werden empfohlen:

1. Sich den Herausforderungen stellen: Sich von dem Wunschdenken verabschieden, dass Rassismus „da draußen, aber nicht hier" ist.
2. Speak Up: Kollegen und Kunden unterbrechen, wenn sie rassistische Kommentare abgeben. Wer Rassismus toleriert, schafft einen toxischen Arbeitsplatz. Das wirkt sich auf die Organisation und auch die wirtschaftliche Performance aus.
3. Sich selbst an die Arbeit machen: Selbst handeln und sich engagieren und nicht von den marginalisierten und diskriminierten Personen

erwarten, dass jene das rassistische Arbeitsklima verbessern und ändern könnten.

4. Erstellen einer gemeinsamen Vision: Mit den Kolleg*innen gemeinsam eine Vision für ein Umfeld erarbeiten, bei dem alle aufblühen können, besser arbeiten, lernen und positive Beziehungen aufbauen können.

Eine Führungsperson kann als Verbündete auftreten und sollte dabei immer aufmerksam sein: sich selber hinterfragen; empathisch sein; aufmerksam rassistische Subtexte und Mechanismen im Unternehmen erkennen; Zahlen und Berichte von Diskriminierung zusammentragen und publik machen. So können einzelne gegen eine Kultur des Schweigens in der Organisation antreten und Vielfalt stärken, den Rassismus im Unternehmen bekämpfen und Gerechtigkeit am Arbeitsplatz fördern.

Die respektable Frau

Hier ist das künstlerische Forschungsprojekt von Aliaa Hassan zum Thema محترمة (Muhtarama) „Sie verdient Respekt" ein gutes Beispiel, wie man andere Menschen und ihre Positionen besser und mit etwas mehr Empathie verstehen kann. Hassan interviewte ägyptische Kreativschaffende, die sich selbst managen, wie Malerinnen, Choreographinnen und DJs. Sie benutzen Strategien um sich als respektable Frauen zu beweisen, wobei sie von dem arabischen Konzept محترمة ständig reglementiert werden, denn Frauen „dürfen" sich nicht zeigen, nicht behaupten und keine wichtigen Positionen einnehmen. Ihre Strategien beinhalten: Dem weiblichen Körper Präsenz zu geben, auf selbst erstellten Bildern und in Choreografien und selbstgeschriebenen Texten. Sie bauen Beziehungen zu anderen Statusgruppen auf, indem sie nur leicht provozieren aber vor allem diese einladen, in ihre Schuhe zu schlüpfen und binäre Geschlechtsvorstellungen zu hinterfragen (wenn etwa heterosexuelle Männer beim modernen Tanz ihre Hüften bewegen und merken, wie schwer ihnen dies aufgrund der sozialen Konditionierung fällt). Generell ist die ästhetische, also sinnlich erfahrbare Form der Konversation wichtig, wobei es nicht nur um rationale Einsicht geht, sondern um Beziehungen, Zusammenschluss und Verständnis hin auf dem Weg zur Veränderung (s. Abb. 3.5).

Abb. 3.5   Aliaa Hassan محترمة (Muhtarama – She is Worthy of Respect): Künst-lerisches Forschungsprojekt über Kreativschaffende und Selbständige, die mit kulturellen Geschlechternormen kämpfen ("My art is uncomfortable for a lot of people here, they can't accept that I paint boobs and vaginas, they pretend they don't exist or something."), begleitet von Brigitte Biehl und dem IWK Institut für Weiterbildung an der SRH Berlin University of Applied Sciences

Privilegien

Vorteile im Leben und in der Karriere hat aus soziologischer Perspektive, wer verschiedene Formen von Kapital einsetzen kann (Bourdieu 1983) und damit gewisse Privilegien hat. Das widerspricht etwas dem neoliberalen Denken und Feminismus („Hänge Dich mehr rein, Du bist ausschließlich selbst verantwortlich!"). Aus einer intersektionalen Perspektive betrachtet, bei der mehrere Diskriminierungslinien zusammenkommen, zeigt sich noch einmal, dass nicht alle die gleichen Erfahrungen machen und manche Menschen im Vorteil sind und andere im Nachteil. Hier lässt sich eine Vielzahl von Bezügen herstellen, wobei im Folgenden einige exemplarisch genannt werden.

Das sogenannte **soziale Kapital** beinhaltet Ressourcen, die aus einer Gruppenzugehörigkeit resultieren und von der Ausdehnung und Qualität des Netzwerks an Beziehungen abhängen. Wer sich als Führungsperson beispielsweise die ständig empfohlene Unterstützung und das Mentoring heranholen kann, erhält in schwierigen Situationen Sicherheit und Über-blick.

Ökonomisches Kapital (Finanzen) ist deutlich abhängig von der sozialen Schicht (Class) und ermöglicht etwa teure und zeitintensive Ausbildungen, die nicht jedem offenstehen. Paradoxerweise schneiden Frauen aus wohlhabenden Familien bei Führungskarrieren schlechter ab als andere Frauen. Der Preis des Privilegs kann damit erklärt werden, dass Frauen aus wohlhabenden Familien eher mit der Geburt von Kindern zurückstecken, weniger finanziellen Druck spüren und auch weniger Veranlassung sehen, sich in riskante Führungspositionen zu begeben (Li et al. 2011, S. 530).

Finanzielles Kapital fungiert auch als „fuck you money", wobei man sich von anderen nichts mehr bieten lassen muss. Denkwürdig ist das Zitat von der Medienberühmtheit und Unternehmerin Kim Kardashian, als sie bemerkte, dass eine Computerspielplattform gegen ihren Willen ein privates Bild schädlich verwendete: „I have all the time, all the money, and all the resources to burn them all to the f***king ground."

Das **kulturelle Kapital** (Bildung und familiärer Hintergrund, Titel, bestimmte Besitztümer) ermöglicht das Fortkommen, steigert Kreditwürdigkeit („Frau Prinzessin von und zu") und öffnet Türen. Auch profitieren Menschen, die im Elternhaus gefördert wurden („You go girl-Hypothese") oder von der Familie und Partner*in Unterstützung erhalten, wobei das Talent beileibe nicht die einzige Rolle spielt (Markard 2013). Personen meist aus der Mittel- und Oberschicht können angenehme Umgangsformen und geschliffene Gesprächsführung beweisen, die das Überleben in den oberen Zirkeln erleichtert und homosoziale Reproduktion begünstigt („Er hat dasselbe Golf-Handicap wie ich!", „Mit ihr kann man hervorragend über Kunst reden!"). Solche Menschen sind auch weniger anfällig für sexuelle Belästigung („Mein Papa ist Anwalt – verpiss dich!") und sicherer in Bezug auf das Aussehen („Dieses Kleid erinnert an dieses eine Vogue-Cover vom Sommer 2019, aber das ist zu freizügig für das Meeting") und so weiter und so fort. Auch hier spielen Hautfarbe und Religion eine Rolle. Das **symbolische Kapital** einer Person selbst (Reputation, Ansehen) oder der Personen, mit denen sie verbunden sind (Vater im Vorstand), fördert auch Karrieren.

Für Führungspersonen geht es auch darum, diese Privilegien und Mechanismen zu erkennen und auch die eigene Führung überlegt zu gestalten: Wen will ich im Team haben und warum; was bringt die Person eigentlich mit; wie prüfe ich Kompetenzen; wie beurteile ich Leistungen; wie erkenne ich meine eigenen Privilegien an und wie gehe ich damit um?

Literatur

Allbright (2023): 7 Gründe, wieso Elternzeit gut für Väter ist. https://www.allbright-stiftung.de/vaeter [10.1.2023]

Ashcraft, K. (2013): The glass slipper: 'Incorporating' occupational identity in management studies. In: Academy of Management Review, Vol. 38, S. 6–31

Bailey, M. (2021): Misogynoir Transformed, New York

Barrantes, R. J./Eaton, A. A. (2018). Sexual orientation and leadership suitability: How being a gay man affects perceptions of fit in gender-stereotyped positions. In Sex Roles, Vol. 79, S. 549–564

Barreto, M./Ellemers, N./Piebinga, L./Moya, M. (2010): How nice of us and how dumb of me: The effect of exposure to benevolent sexism on women's task and relational self-descriptions. In: Sex Roles, Vol. 62, S. 532–544

Barr-Little, V. C. (2020). The glass cliff: A longitudinal case study of eight Fortune 500 women CEOs (Doctoral dissertation, Capella University).

Barth, J./Dunlap, S./Chappetta, K. (2016): The influence of romantic partners on women in STEM majors. In: Sex Roles, Vol. 75, S. 110–125

Bell, E./ Sinclair, A. (2022): Beware the glass cliff! Disaster metaphors and the precarity of leadership. Vortrag bei: 38 EGOS (European Group for Organizational Studies) Colloquium: 2022 The Beauty of Imperfection, Wirtschaftsuniversität Wien, 7.7.

Bem, S. (1974): The measurement of psychological androgyny. In: Journal of Consulting and Clinical Psychology, Vol. 42, S. 155–162

Biehl, B. (2020): Leadership in Game of Thrones, Wiesbaden

Biehl, B./Weibler, J./ Referat Chancengerechtigkeit/Gleichstellungsstelle (2022) Jenseits von Wonder Woman und Superman: Zukunftsweisende Führung in Film und Serien, Online-Tagung anlässlich des Weltfrauentags, FernUniversität in Hagen, 8.3. https://www.fernuni-hagen.de/gleichstellung/veranstaltungen/zukunftsweisende-fuehrung.shtml [10.1.2023]

Billing, Y./Alvesson, M. (2014): Leadership: A matter of gender? In: Kumra, S./Simpson, R./Burke, R. (Hrsg.): The Oxford Handbook of Gender in Organizations, New York, S. 200–222

BMFSFJ (2017): Zweiter Gleichstellungsbericht der Bundesregierung. https://www.bmfsfj.de/resource/blob/119794/b69d114cfbe2b6c1d4e510da2d74fd8d/zweiter-gleichstellungsbericht-der-bundesregierung-bt-drucksache-data.pdf [10.1.2022]

Bourdieu, P. (1983): Ökonomisches Kapital, kulturelles Kapital, soziales Kapital. In: Kreckel, R. (Hrsg.): Soziale Ungleichheiten (Soziale Welt Sonderband, Bd. 2), Göttingen, S. 183–198

Brewis, J. (2005): Signing my life away? Researching sex and organization. In: Organization, Vol. 12, S. 493–510

Bruckmüller, S./Branscombe, N. R. (2010). The glass cliff: When and why women are selected as leaders in crisis contexts. British Journal of Social Psychology, 49(3), 433–451.

Bundesagentur für Arbeit (2019): MINT-Berufe. https://statistik.arbeitsagentur.de/DE/Statischer-Content/Statistiken/Themen-im-Fokus/Berufe/Generische-Publikationen/Broschuere-MINT.pdf?__blob=publicationFile [10.1.2022]

Carli, L./Eagly, A. (2011): Gender and Leadership. In: Bryman, A./Collinson, D./Grint, K./Jackson, B./Uhl-Bien, M. (Hrsg.): The Sage Handbook of Leadership, London, S. 103–117

Catalyst (2007): The double-bind dilemma for women in leadership: Damned if you do, doomed if you don't, New York. https://www.catalyst.org/wp-con-tent/uploads/2019/01/The_Double_Bind_Dilemma_for_Women_in_Leadership_Damned_if_You_Do_Doomed_if_You_Dont.pdf [10.1.2022]

Chrousos, G./Mentis, A. (2020): Imposter syndrome threatens diversity. In: Science, Vol. 367, S. 749–750

Cook, A./Glass, C. M. (2013): Above the glass ceiling: When are women and racial/ethnic minorities promoted to CEO? In: Strategic Management Journal, Vol. 35, S. 1080–1089

Doyle, N. (2021): We need to talk about toxic femininity at work. Forbes https://www.forbes.com/sites/drnancydoyle/2021/07/13/we-need-to-talk-about-toxic-femininity-at-work/?sh=6550e9232769 [10.1.2022]

Eagly, A. (1987): Sex Differences in Social Behaviour, Hillsdale

Eagly, A./Carli, L. (2007): Through the labyrinth: The truth about how women become Leaders, Cambridge

Eagly, A./Makhijani, M./Klonsky, B. (1992): Gender and the evaluation of leaders: A meta-analysis. In: Psychological Bulletin, Vol. 111, S. 3–22

Ely, R./Stone, P./Ammerman, C. (2014): Rethink what you "know" about high-achieving women. In: Harvard Business Review, Vol. 92, S. 20

Erskine, S./Brassel, S./Robotham, K. (2023): Exposé of Women's Workplace Experiences Challenges Antiracist Leaders to Step Up. Catalyst, https://www.catalyst.org/wp-content/uploads/2023/02/WorldofVoices_DigitalReport_Final.pdf [2.2.2023]

Fletcher, J. K. (2004): The paradox of postheroic leadership: An essay on gender, power, and transformational change. In: Leadership Quarterly, Vol. 15, S. 647–661

Fotaki, M./Harding, N. (2018): Gender and the organization. Women at work in the 21st century, New York

Gillard, J./Okonjo-Iweala, N. (2021): Women and Leadership: Real Lives, Real Lessons, Cambridge

Graml, R./Hagen, T./Ziegler, Y./Khachatryan, K./Herman, A. R. (2020): Lesbische Frauen in der Arbeitswelt: The L-Word in Business. Nr. 15, Working Paper Series, Frankfurt University of Applied Sciences, Faculty of Business and Law.

Gündemir, S./Homan, A./De Dreu, C./Van Vugt, M. (2014): Think leader, think white? Capturing and weakening an implicit pro-white leadership bias. In: PloS one, Vol. 9, S. e83915

Haslam, A./Ryan, M. (2008): The road to the glass cliff: Differences in the perceived suitability of men and women for leadership positions in succeeding and failing organizations. In: Leadership Quarterly, Vol. 19, S. 530–546

HBR Editors (2019): The Best-Performing CEOs in the World, 2019 https://hbr.org/2019/11/the-best-performing-ceos-in-the-world-2019 [1.2.2022]

Heilman, M./Okimoto, T. (2007): Why are women penalized for success at male tasks? The implied communality deficit. In: Journal of Applied Psychology, Vol. 92, S. 81–92

Hideg, I./Shen, W. (2019): Why still so few? A theoretical model of the role of benevolent sexism and career support in the continued underrepresentation of women in leadership positions. In: Journal of Leadership & Organizational Studies, Vol. 26, S. 287–303

Ibarra, H./Ely, R./Kolb, D. (2013): Women rising: The unseen barriers. Harvard Business Review, Vol. 91, S. 60–66

Johnson, S./Murphy, S./Zewdie, S./Reichard, R. (2008): The strong sensitive type: Effects of gender stereotypes and leadership prototypes on the evaluation of male and female leaders. In: Organizational Behavior and Human Decision Processes, Vol. 106, S. 39–60

Jones, T./Norwood, K. J. (2016): Aggressive encounters and white fragility: Deconstructing the trope of the angry black woman. In: Iowa Law Review, Vol. 102, S. 2017

Kite, M. E./Deaux, K. (1987). Gender belief systems: Homosexuality and the implicit inversion theory. In: Psychology of Women Quarterly, Vol. 11, S. 83–96

Konrad, A./Ritchie, J./Lieb, P./Corrigall, E. (2000): Sex differences and similarities in job attribute preferences: A meta-analysis. In: Psychological Bulletin, Vol. 126, S. 593–641

Li, W./ Arvey, R/Song, Z. (2011): The influence of general mental ability, self-esteem and family socioeconomic status on leadership role occupancy and leader advancement: The moderating role of gender. In: The Leadership Quarterly, Vol. 22, S. 520–534

Manne, K. (2018): The Logic of Misogyny, New York

Markard, M. (2013): Begabung – Motivation – Eignung – Leistung. Schlüsselbegriffe der aktuellen Hochschulregulierung aus kritisch-psychologischer Sicht. In: Forum Wissenschaft 4, S. 36–40

Mavin S./Grandy, G. (2019): Women leaders, self-body-care and corporate moderate feminism: An (im)perfect place for feminism. Gender, Work & Organization, Vol. 26, S. 1546–1561

McKinsey (2017): Women Matter. Time to accelerate. Ten years of insights into gender diversity, McKinsey & Company

McKinsey/LeanIn.org (2018): Women in the workplace 2018. https://womenintheworkplace.com/ [10.1.2022]

Muhr, S./Sullivan, S. (2013): "None so queer as folk": Gendered expectations and transgressive bodies in leadership. In: Leadership, Vol. 9, S. 416–435

Mullangi, S./Jagsi, R. (2019): Imposter syndrome: Treat the cause, not the symptom. In: Jama, Vol. 322, S. 403–404

O'Shea, S. C. (2019): Cutting my dick off. In: Culture and Organization, Vol. 25, S. 272–283

O'Shea, S. C. (2021): If I knew then what I know now. In: Gender, Work & Organization, Vol. 29, S. 626–638

Özbilgin, M. F./Erbil, C./Baykut, S./Kamasak, R. (2022): Passing as resistance through a Goffmanian approach: Normalized, defensive, strategic, and instrumental passing when LGBTQ+ individuals encounter institutions. In: Gender, Work & Organization https://doi.org/10.1111/gwao.12928 [10.1.2023]

Parsley, S. (2022): Feeling your way as an occupational minority: The gendered sensilisation of women electronic music artists. In: Management Learning, Vol. 53, S. 697–717

Powell, G. (2014): Sex, gender, and leadership. In: Kumra, S./Simpson, R./Burke, R. (Hrsg.): The Oxford Handbook of Gender in Organizations, Oxford, S. 249–268

Powell, G./Butterfield, D./Parent, J. (2002): Gender and managerial stereo-types: Have the times changed? In: Journal of Management, Vol. 28, S. 177–193

Pullen, A./ Vachhani, S. (2021): Feminist ethics and women leaders: From difference to intercorporeality. In: Journal of Business Ethics, Vol. 173, S. 233–243

Randsley de Moura, G./Leicht, C./Leite, A. C./Crisp, R. J./Goclowska, M. A. (2018): Leadership diversity: Effects of counterstereotypical thinking on the support for women leaders under uncertainty. In: Journal of Social Issues, Vol. 74, S. 165–183

Rosette, A./Tost, L. (2010): Agentic women and communal leadership: How role prescriptions confer advantage to top women leaders. In: Journal of Applied Psychology, Vol. 95, S. 221–235

Rumens, N. (2014): Masculinity and sexuality at work: Incorporating gay and bisexual men's perspectives. In: Kumra, S./Simpson, R./Burke, R. (Hrsg.): The Oxford Handbook of Gender in Organizations, Oxford, S. 460–479

Ryan, M./Haslam, S./Morgenroth, T./Rink, F./Stoker, J./Peters, K. (2016): Getting on top of the glass cliff: Reviewing a decade of evidence, explanations, and impact. In: The Leadership Quarterly, Vol. 27, S. 446–455

Sahin, R. aka Dr Bitch Ray (2019): Yalla, Feminismus! Stuttgart

Sandberg, S. (2019): The HBR Interview. An Interview with Sheryl Sandberg by Adia Ignatuius. In: HBR's 10 Must Reads. On Women and Leadership, Boston

Schein, V. (2001): A global look at psychological barriers to women's progress in management. In: Journal of Social Issues, Vol. 57, S. 675–688

Sinclair, A. (1995): Sexuality in leadership. In: International Review of Women and Leadership, Vol. 1, S. 25–38

Sinclair, A./Ladkin, D. (2020): Leading with embodied care. In L. Tompkins (Hg.) Paradox and Power in Caring Leadership: Critical and Philosophical Reflections. Abingdon, 63–73.

Sinclair, A. (2004): Journey Around Leadership. In: Discourse: Studies in the Cultural Politics of Education, Vol. 25 S. 7–19

Statista (2021): Frauen und Männer in Deutschland nach höchstem Schul-abschluss. https://de.statista.com/statistik/daten/studie/290386/umfrage/umfrage-in-deutschland-zu-frauen-und-maennern-nach-bildungsabschluss/ [10.1.2022]

Troche, S./Rammsayer, T. (2011): Eine Revision des deutschsprachigen Bem Sex-Role Inventory. In: Klinische Diagnostik und Evaluation, Vol. 4, S. 262–283

Vinkenburg, C./Van Engen, M./Eagly, A./Johannesen-Schmidt, M. (2011): An exploration of stereotypical beliefs about leadership styles: Is transformational leadership a route to women's promotion? In: The Leadership Quarterly, Vol. 22, S. 10–21

Weibler, J. (2013): Entzauberung der Führungsmythen, München

Wippermann, C. (2015): Transparenz für mehr Entgeltgleichheit: Einflüsse auf den Gender Pay Gap (Berufswahl, Arbeitsmarkt, Partnerschaft, Rollenstereotype) und Perspektiven der Bevölkerung für Lohngerechtigkeit zwischen Frauen und Männern. BFSFJ. https://www.bmfsfj.de/resource/blob/95400/82d8c89547a7c9e83dff8d26410c6348/transparenz-fuer-mehr-entgeltgleichheit-data.pdf [10.1.2022]

4

Führungsstile und Geschlecht

Eine zentrale Frage in Bezug auf Führung ist, ob unterschiedliche Geschlechter ihre eigenen Führungsstile haben. Führen Frauen anders? Hier gibt es zwei ziemlich klare Sichtweisen: Die einen sagen, es gibt keine Unterschiede zwischen Frauen und Männern, die anderen sagen, die Führungsstile sind verschieden. Das muss kein Widerspruch sein. Grundsätzlich kann man davon ausgehen, dass alle Geschlechter Dinge nicht unterschiedlich tun, sondern dass ihr Verhalten unterschiedlich *wahrgenommen* wird. Dazu gibt es umfassende Literatur (Eagly 1995). Dies erleben wir auch selber, gibt beispielsweise Sinclair (2004) zu bedenken: Wir kennen bestrafende, abwertende und sadistische Reaktionen auf Frauen in Führungspositionen, die wir bei Männern so nicht hören. Das kann man erweitern: Auch schwule Männer erleben andere Reaktionen als heterosexuelle, Women of Colour und Menschen mit bestimmten Religionen und Behinderungen müssen sich Dinge anhören, die anderen nicht gesagt werden. Im Mainstream der Forschung jedoch wird dies jedoch übersehen, wenn so getan wird, als wäre Führung unabhängig vom Geschlecht, von der Ethnizität, der Sexualität und so weiter.

© Der/die Autor(en), exklusiv lizenziert an Springer Fachmedien Wiesbaden GmbH, ein Teil von Springer Nature 2023
B. Biehl, *Gender und Leadership*, SDG – Forschung, Konzepte, Lösungsansätze zur Nachhaltigkeit, https://doi.org/10.1007/978-3-658-42540-1_4

4.1   Weiblichkeit und Führung

Zunächst vertreten manche Wissenschaftler*innen und Personen aus der Praxis die Ansicht, dass es mehr oder minder große Unterschiede zwischen den Geschlechtern gibt. Diese ließen sich auf psychische Faktoren zurückführen und auf die unterschiedliche Sozialisation. Rosener (1990) etwa gibt zu bedenken, dass Frauen bestimmte Führungsstile hätten, die man oft übersieht. Niemand erkennt, dass sie andere Formen von Führung betreiben, da sie machen, was von Frauen sowieso erwartet wird: Empowern, unterstützen und Sorge tragen (Fletcher 2004). Hierbei sind sie beeinflusst von unterschiedlichen sozialen Erfahrungen, etwa durch familiäre Fürsorge.

Dann gibt es eine Reihe von Frauen, die ganz konkret „weibliche Führung" oder „female Leadership" proklamieren und dabei stereotyp weibliche Werte hervorheben, die sie von Männern abheben würden. Manche sind fest davon überzeugt, dass sie andere Eigenschaften an den Tag legen, „hilfsbereit" und „gemeinwohlorientiert" seien und „besser kommunizieren" könnten.

Hier haben Studien allerdings gezeigt, dass diese Frauen im Endeffekt in der Praxis genau wie die Männer handeln und die gleichen Geschäftsentscheidungen treffen, einschließlich Entlassungen (Cliff et al. 2005). Dies weist darauf hin, dass die Akteurinnen sozialen Erwartungen entsprechen wollen, indem sie sich besonders feminin darstellen, ihr Handeln aber im Endeffekt doch von äußeren Strukturen beeinflusst wird.

Die **Weiblichkeit zu betonen** ist eine gängige Praxis in einem Umfeld, in dem Frauen in der Minderheit sind. Manche passen sich dem vorherrschenden Verhalten an und werden „unsichtbar" (Kanter 1977), oder sie schwenken über zum Gegenteil und setzen sich ab, erscheinen betont feminin (Ely 1995). „Weibliche Führung" kann damit auch eine Art Selbstmarketing sein, um ein Argument zu finden, sich hervorzuheben und in geschlossene Kreise vorzudringen. Beispielsweise: „In diesem Gremium sind ja nur Männer, eine Person mit female touch kann hier nicht schaden! Ich wäre bereit."

Im Allgemeinen rät die feministische Managementforschung aber davon ab, die binären Unterschiede zu betonen, um sich selbst voranzubringen. Wenn stereotype Weiblichkeit unkritisch gefeiert wird, verstärkt das unsere Wahrnehmung von binären Geschlechtern. Die einfache Mann-Frau-Ordnung hält sich trotz Rollenvielfalt und Karrieremodellen, denn sie gibt in einem Zeitalter voller Komplexität, Ängsten und Unsicherheiten eine scheinbare Sicherheit (Mavin et al. 2014, S. 240). Rhetorik über Gemeinwohlorientierung und angenehme Zusammenarbeit alleine führt jedoch nicht zu neuen Formen von Führung. Vielmehr bewirken solche vermeintlichen Ideale für Frauen und Männer, dass Menschen im Einklang mit traditionellen Geschlechterstereotypen handeln sollen und Abweichungen sanktioniert werden und neue Ansätze keinen Platz finden. Das hält traditionell männlich geprägte Führungsbilder aufrecht, die Frauen im Endeffekt gemäß der Inkongruenz-Hypothese ausschließen.

Hier wäre es vielmehr sinnvoll, Führungsbilder besser für alle zugänglich zu machen (Billing und Alvesson 2014, S. 218). Dazu gehört auch, weg von personenzentrierten Ansätzen von männlicher Führung hin zu gemeinschaftlich gestalteten Formen von Führung zu kommen. Progressive Vorstellungen von Fürsorge und Empathie sind für alle gut und finden sich in vielen moderneren Führungstheorien.

Frauenfeindlichkeit von Frauen: Queen Bee und der Krabbenkorb

Man hört oft, dass Frauen im Büro nicht miteinander zurechtkommen und sich „anzicken". Nicht jede Frau ist der anderen Frau oder der Trans-Frau eine Verbündete, die sie unterstützt. Frauenfeindlichkeit von Frauen bedeutet: Frauen reproduzieren unbewusst vorherrschende Werte in einem von Männern dominierten System und reagieren negativ auf nicht stereotyp weibliche Frauen – die wir gerade in Führungspositionen finden. Dazu gehört, andere Frauen zu unterdrücken, zu untergraben, auszugrenzen und zu stigmatisieren (Mavin et al. 2014).

Ganz vorne ist hier im anglo-amerikanischen Sprachraum die **Queen Bee,** die Chefin, die wie eine Bienenkönigin Abstand zu den niedrig gestellten Frauen hält und sie für sich arbeiten lässt (Mavin 2008). Die Queen Bee passt sich im Büro an die männerdominierte Arbeitsumgebung an und hält andere Frauen auf Distanz. Sie wird dafür auch von Frauen kritisiert – während Männer, die anderen Männern nicht helfen, von diesen dafür nicht beschuldigt werden. Frauen sehen erfolgreiche Frauen auch als bedrohliche Konkurrenz, zumal klar ist, dass es zwar Platz am Vorstandstisch für mehrere Männer gibt, aber nur selten für mehr als eine bis zwei Frauen. Andere Frauen fühlen sich von Aufsteigerinnen auch daran erinnert, dass sie selbst traditionell in untergeordneter Position sind: „Wie unfair! Was macht die da, die ist doch auch nicht anders als ich!". Frauenfeindliche Frauen sind sogenannte Gatekeeper von Führung und damit unbewusste Komplizinnen einer männlich dominierten Ordnung. Die Metapher des **Krabbenkorbs** beschreibt, dass eine, die heraussticht, von den anderen sofort angegriffen und heruntergezogen wird.

Dieses Verhalten ist aber keine von der Natur vorgegebene Unzulänglichkeit der Frau, was Sprachbilder wie „stutenbissig" oder „zickig" und nur für Frauen gebräuchliche Fremdzuschreibungen wie „Bienenkönigin" suggerieren. Vielmehr ist generell bei Personen aus benachteiligten Gruppen zu beobachten, dass sie von ihrer Gruppe abrücken und von schwächeren Personen noch mehr. Frauenfeindlichkeit von Frauen betrifft gerade schwarze Frauen (Begriff: misogynoir) und zeigt sich bei **TERFs** (Akronym für Trans-Exclusionary Radical Feminism „Trans-ausschließender radikaler Feminismus"), die transgeschlechtliche Personen, insbesondere Transfrauen, abwerten, diskriminieren und Transidentität als solche infrage stellen. Transfeindlichkeit, Feindlichkeit gegenüber nicht-binärgeschlechtlichen Menschen, Transmisogynie und Interfeindlichkeit sind fest verankerte Diskriminierungen in Recht, Medizin, Gesellschaft und in Unternehmen und werden auch von Cis-Frauen betrieben, die Transpersonen als Frauen vereinnahmen oder ausschließen (Sand et al. 2021, S. 11).

Unsolidarisches Verhalten erschwert auch das eigene Fortkommen. Die Frau vergibt die Chance, mit einer kompetenten Kolleg*in zusammenzuarbeiten und weiterzukommen. Es werden Gegnerinnen statt Unterstützerinnen geschaffen. Es verstärkt eine Hierarchie zwischen Geschlechtern, bei der die Frau unten steht („emotional", „irrational") und der Mann oben („rational"). Es fördert eine Kultur, in der die Frau selbst die nächste sein kann, die abgelehnt wird.

Networking und homosoziale Reproduktion

Frauen haben weniger weitreichende und weniger einflussreiche Netzwerke als Männer, weniger Mentor*innen und auch weniger Zugang zu Karrieremöglichkeiten (Michailidis et al. 2012; Timberlake 2005). In den meisten Branchen ist Netzwerken eine notwendige Ergänzung der Arbeitszeit, die konstantes Engagement erfordert (Biehl 2020,

S. 186–194), denn viele Karrierechancen tun sich durch Empfehlungen und Beziehungen auf. Wer nicht netzwerkt, wird von anderen aufgehalten. Etwa von Männer-Netzwerken: Der Ausdruck der homosozialen Reproduktion (Kanter 1977) beschreibt die Präferenz für ein bestimmtes Geschlecht. Mit steigender Hierarchie fallen objektivierende Auswahlmechanismen weg und die Entscheidungen werden nach anderen Kriterien getroffen. Das ist auch als **Thomas-Kreislauf** bekannt: Deutsche börsennotierte Unternehmen rekrutieren ihre Vorstände fast nur aus Kreisen, die sich in Bezug auf Geschlecht, Herkunft und Ausbildung sehr ähnlich sind. Tatsächlich gab es dort mehr Männer, die Thomas heißen (49), als es insgesamt Frauen gab (46) (AllBright 2017). Im Jahr 2020 gab es bei den Börsenneulingen mehr Vorstandsvorsitzende, die Christian heißen als weibliche Vorstandsvorsitzende. Es reproduzieren sich gleichgerichtete Führungsteams, die reibungslos zusammenarbeiten, jedoch eine begrenzte Perspektive haben.

Was für diese Männer eine Bezugsgruppe aus freundlichen Kollegen ist, ist für andere ein Old Boys Club mit Ausschlussmechanismen. Deshalb lohnt es sich auch für Männer in einer privilegierten Position darüber nachzudenken, ob sie vielleicht anderen Menschen den Raum zur Entwicklung und die Möglichkeiten an Teilhabe nehmen (Biehl 2020, S. 188). Solange Frauen und andere marginalisierte Gruppen kaum vertreten sind, haben sie Schwierigkeiten, Unterstützung und Anerkennung zu erhalten, sich zu entfalten und befördert zu werden. Es muss eine kritische Masse erreicht werden, damit beispielsweise Frauen als unterrepräsentierte Gruppe ähnliche Möglichkeiten wie die Männer haben (Ibarra et al. 2013).

4.2 Einflussfaktoren auf Führungsstile

Während die einen finden, Frauen und Männer hätten verschiedene Führungsstile, sagen die anderen, dass Führungsstile von Männern und Frauen nicht grundlegend verschieden seien. Drei Jahrzehnte an Forschung über Gender, Führung und Verhalten haben keine abschließende Antwort gebracht (Butterfield und Grinnell 1999). Im Großen und Ganzen unterscheiden sich aber weibliche und männliche Manager*innen nicht (Powell 1999). In den meisten Umgebungen können wir vernünftigerweise davon ausgehen, dass das biologische Geschlecht nicht bestimmt, wie die Person führt, und dass Frausein keine uniforme Kategorie ist und deren Führung so vielfältig wie die von Männern sein kann (Billing und Alvesson 2014, S. 209). In der

Managementforschung wird davon ausgegangen, dass Männer und Frauen psychologisch (irgendwie) unterschiedlich und (weitgehend) ähnlich sind, und beeinflusst werden von strukturellen und kulturellen Gegebenheiten und der sozialen Interaktion. Es gibt verschiedene Einflussfaktoren.

Jeder Mensch ist anders und hat eine eigene **Persönlichkeit.** Es gibt also völlig verschiedene Führungsstile bei beiden Geschlechtern: Manche Frauen lassen Teilhabe und Mitbestimmung zu, andere setzen eher auf Kontrolle. Das kennen wir selbst aus eigener Erfahrung. Viele Männer sind überhaupt nicht durchsetzungsstark und führen sehr wohl demokratisch, gemeinschaftsorientiert und „nett" und setzen sich nach dieser Sichtweise in der Summe nicht besonders von Frauen ab. Es gibt mehr Unterschiede zwischen einzelnen Menschen als zwischen den Geschlechtern.

Des Weiteren werden Führungsstile und das Führungsverhalten als **Anpassung an das soziale Geschlecht** gedeutet. Geschlechter-Stereotype beeinflussen unsere Erwartungen und üben Druck auf Frauen aus, beispielsweise gemeinschaftsorientiert zu erscheinen und sich entsprechend zu verhalten (Carli und Eagly 2011, S. 110). Meta-Analysen zeigen, dass Frauen in Führungspositionen demokratischer und weniger autokratisch als Männer agierten (Eagly und Johnson 1990), also durch die Anpassung an soziale Erwartungen Verhalten vermeiden, das in ihrem Falle negativ aufgenommen würde. Auch andere Meta-Studien zeigen kleine Unterschiede, etwa dass mehr Frauen als Männer transformational führen (gemeinwohlorientiert).

Führungsstile sind auch abhängig von der **Situation.** Längst ein Klassiker der Leadership-Praxis ist der situative Ansatz, „it depends!" Die Situationstheorien der Führung verweisen darauf, dass die Effektivität von Führungseigenschaften und Führungsverhalten im hohen Maße situativ bedingt ist, also vom Kontext abhängig, in dem Führung stattfindet.

Der Führungsstil hängt damit auch am **Umfeld.** In männlichen Organisationskulturen kommt maskulin wirkende Führung besser an als gemeinschaftsorientierte Ansätze. Das weckt häufig Zweifel gegenüber Frauen als effektiven Führungspersonen, die sich dann als besonders männlich darstellen. Dazu gehört die Inszenierung von Belastbarkeit und Zielorientierung (Höpfl 2003), auch gerne mit markigen Sprüchen („Work hard, play hard"). Das ist eine Reaktion darauf, dass die Unternehmenskultur beeinflusst, ob das eine Geschlecht gegenüber dem anderen bevorzugt wird. Frauen wurden besonders schlecht in einem Umfeld beurteilt, in dem die Führungsrolle stark maskulin geprägt ist, wie beim Militär. Männer wurden etwas weniger gut beurteilt als Frauen in einem weiblich geprägten Kontext, wie einem Pflegedienst. Geschlechterunterschiede decken sich hier mit dem Wesen der Führungsrolle (Eagly et al. 1995).

Zu den situativen Einflüssen gehören auch **praktische Zwänge**: Hohe Arbeitsbelastung, Deadlines und eine hektische Meeting-Taktung beeinflussen das Verhalten und sind stärker als mögliche Einflüsse des Geschlechts. Selbst jene mit einem gemeinschaftsorientierten Führungsideal haben dann keine Zeit mehr zum Kommunizieren oder für Hilfsbereitschaft. Das bedeutet, Führung ist weniger abhängig von der Intention (intention-driven) als von den Ereignissen (event-driven).

Hier könnte man überlegen, was für ein Umfeld wünschenswert ist und welche Situationen zu welcher Arbeitsatmosphäre führen. Vielen Menschen mussten erfahren, dass Management-Zwänge und zunehmend schwierige Arbeitsbedingungen dazu führen, dass Kampf und Konkurrenz an die Stelle von Verbundenheit und Unterstützung treten (Alvesson und Spicer 2016; Parker 2014). Führungspersonen und alle Arbeitenden können eine kritische Haltung einnehmen und überlegen, wie sie selbst diese Rahmenbedingungen gestalten können – oftmals ist ein wenig Solidarität und Umsicht überhaupt nicht schwierig (Biehl 2020, S. 107–122). Dazu gehört, die eigene Wahrnehmung zu hinterfragen, mit Menschen zu sprechen, verschiedene Sichtweisen einzuholen und zu überlegen, was in der bestehenden Praxis geändert werden könnte.

Führungsstile sind auch vom **eigenen Umfeld** und **der persönlichen Verfassung** abhängig. Das drückt sie sogenannte „You go girl"-Hypothese aus: Leadership beginnt bei der Erziehung im Kindesalter, durch Unterstützung und Empowerment, und Mädchen und Jungen sollen gleichsam ermutigt werden (Gillard und Okonjo-Iwela 2021, S. 296). Auch sagt man, dass die psychische Verfassung in Kombination mit sozialen Faktoren den späteren Karriereerfolg entscheidend beeinflussen kann. Die Forschung geht nicht davon aus, dass das eine Erklärung für die wenigen Frauen in Führungspositionen ist (Morrison und Von Glinow 1990). Allerdings kann die psychische Lage in Kombination mit sozialen Faktoren aber Führung beeinflussen. Kritiker geben hier zu bedenken, dass privilegierte, reiche Weiße es eben einfacher haben (Jonsson 2014).

Die Persönlichkeitspsychologie hat sich mit den **Persönlichkeitsvariablen** beschäftigt, die sich in Bezug zu Führung setzen lassen können. Zu den Elementen, die Führung begünstigen, gehören die so genannten Big Five: Extraversion (Geselligkeit), Gewissenhaftigkeit (Perfektionismus) und Offenheit (Aufgeschlossenheit) – während Neurotizismus (emotionale Labilität und Verletzlichkeit) und Verträglichkeit (Rücksichtnahme, Kooperationsbereitschaft) nicht besonders relevant sind (Eagly und Carli 2007). Kein Geschlecht liegt hier vorne. Nur bei Verträglichkeit (Männer) und Neurotizismus (Frauen) sind jeweils höhere Ausprägungen bewiesen, was aber nicht relevant in Bezug auf Führung ist (Costa et al. 2001). Also gibt es hier keine geschlechtsabhängigen Vorteile für Führung.

Die Führungsforschung hat sich im Rahmen der so genannten personenzentrierten Perspektive auch mit bestimmten **Eigenschaften** beschäftigt, die für Führungspositionen wichtig sein können. Hier gibt es ein paar Unterschiede. Meta-Analysen haben gezeigt, dass Männer im Einklang mit Geschlechterrollen körperlich und verbal aggressiver, assertiver, dominanter und – zu einem kleinen Grad – wettbewerbsorientierter auftreten als Frauen (Hershcovis et al. 2007; Archer 2004). Man geht aber nicht mehr davon aus, dass diese Züge wirklich Führungsfähigkeiten darstellen. Körperliche Aggression hilft höchstens in speziellen Situationen, etwa bei Führung im Kontaktsport oder im kriminellen Milieu, aber nicht in allen Organisationen (Carli und Eagly 2011, S. 105). Tatsächlich hat sich der ursprünglich hierarchische Umgangston in vielen Branchen, gerade im Bereich der Wissensarbeit, geändert und geht in Richtung der oberflächlich freundlichen und weichen Kontrolle, bei der Motivieren, Fördern und Ermöglichen im Vordergrund steht (Biehl 2020, S. 83).

Literatur

AllBright (2017): Ein ewiger Thomas-Kreislauf? Wie deutsche Börsenunternehmen ihre Vorstände rekrutieren. https://static1.squarespace.com/static/5c7e8528f4755a0bedc3f8f1/t/5cda985836d36b00013b5cfa/1557829765572/Allbright-Bericht-2017-Thomas.pdf [10.1.2022]

Alvesson, M./Spicer, A. (2016): (Un)conditional surrender? Why do professionals willingly comply with managerialism. In: Journal of Organizational Change Management, Vol. 29, S. 29–45

Archer, J. (2004): Sex differences in aggression in real-world settings: A meta-analytic review. In: Review of General Psychology, Vol. 8, S. 291–322

Biehl, B. (2020): Management in der Kreativwirtschaft, Wiesbaden

Billing, Y./Alvesson, M. (2014): Leadership: A matter of gender? In: Kumra, S./Simpson, R./Burke, R. (Hrsg.): The Oxford Handbook of Gender in Organizations, New York, S. 200–222

Butterfield, D./Grinnell, J. (1999): 'Reviewing' gender, leadership, and managerial behavior: Do three decades of research tell us anything? In: Powell, G. (Hrsg.): Handbook of Gender and Work, Thousand Oaks, S. 223–238

Carli, L./Eagly, A. (2011): Gender and Leadership. In: Bryman, A./Collinson, D./Grint, K./Jackson, B./Uhl-Bien, M. (Hrsg.): The Sage Handbook of Leadership, London, S. 103–117

Cliff, J./Langton, N./Aldrich, H. E. (2005): Walking the talk? Gendered rhetoric vs. action in small firms. In: Organization Studies, Vol. 26, S. 63–91

Costa, P./Terracciano, A./McCrae, R. (2001): Gender differences in personality traits across cultures: Robust and surprising findings. In: Journal of Personality and Social Psychology, Vol. 81, S. 322–331

Eagly, A./Johnson, B. (1990): Gender and leadership style: A meta-analysis. In: Psychological Bulletin, Vol. 108, S. 233

Eagly, A./Karau, S./Makhijani, M. (1995): Gender and the effectiveness of leaders: A meta-analysis. In: Psychological Bulletin, Vol. 117, S. 125

Ely, R. (1995): The power in demography: Women's social constructions of gender identity at work. In: Academy of Management Journal, Vol. 38, S. 589–634

Fletcher, J. K. (2004): The paradox of postheroic leadership: An essay on gender, power, and transformational change. In: Leadership Quarterly, Vol. 15, S. 647–661

Gillard, J./Okonjo-Iweala, N. (2021): Women and Leadership: Real Lives, Real Lessons, Cambridge

Hershcovis, M./Turner, N./Barling, J./Arnold, K./Dupré, K./Inness, M./ LeBlanc, M./Sivanathan, N. (2007): Predicting workplace aggression: A meta-analysis. In: Journal of Applied Psychology, Vol. 92, S. 228–238

Höpfl, H. (2003): Becoming a (virile) member: Women and the military body. In: Body & Society, Vol. 9, S. 13–30

Ibarra, H./Ely, R./Kolb, D. (2013): Women rising: The unseen barriers. Harvard Business Review, Vol. 91, S. 60–66

Jonsson, T. (2014): White Feminist Stories: Locating race in representations of feminism in The Guardian. In: Feminist Media Studies, Vol. 14, S. 1012–1027

Kanter, R. (1977): Men and Women of the Corporation, New York

Mavin, S. (2008): Queen bees, wannabees and afraid to bees: No more 'best enemies' for women in management? In: British Journal of Management, Vol. 19, S. 75–84

Mavin, S./Williams, J./Grandy, G. (2014): Negative intra-gender relations between women. Friendship, Competition, and Female Misogyny. In: Kumra, S./Simpson, R./Burke, R. (Hrsg.): The Oxford Handbook of Gender in Organizations, Oxford, S. 223–248

Michailidis, M., Morphitou, R./Theophylatou, I. (2012): Women at work equality versus inequality: Barriers for advancing in the workplace. International Journal of Human Resource Management, Vol. 23, S. 4231–4245

Morrison, A./Von Glinow, M. (1990): Women and minorities in management. In: American Psychologist, Vol. 45, S. 200–208

Parker, M. (2014): University, Ltd: Changing a business school. In: Organization, Vol. 21, S. 281–292

Powell, G. (1999): Reflections on the glass ceiling: Recent trends and future prospects. In: Powell, G. (Hrsg.): Handbook of Gender and Work, London, S. 325–246

Rosener, J. (1990): Ways women lead. In: Harvard Business Review, Vol. 68, S. 199–125

Sand, F./Hofmann, L./Evert, F. (2021): Feminism is for everyone. Argumente für eine gleichberechtigte Gesellschaft, Hamburg

Sinclair, A. (2004): Journey Around Leadership. In: Discourse: Studies in the Cultural Politics of Education, Vol. 25 S. 7–19

Timberlake, S. (2005): Social capital and gender in the workplace. In: Journal of Management Development, Vol. 24, S. 34–44

5

Körper

5.1 Körper und Führung

> Ein Mann betritt die Bühne – er ist ein Mensch. Eine Frau betritt die
> Bühne – sie ist eine Frau.
> (Redewendung aus der Theaterbranche)

Eine Führungsperson steckt in ihrem Körper und lässt sich nicht von ihm lösen. Wie wir eine Person mit ihrem Körper, Kleidung und Aussehen wahrnehmen, beeinflusst auch, wie wir sie als Führungsperson verstehen – oder eben nicht. Wer an Führung denkt, denkt an einen Mann, meist im Anzug, denn so sieht Führung gemeinhin – noch – überall aus. Wer Körperlichkeit nicht bespricht, kann auch nicht hinterfragen, dass weibliche und nichtbinäre Körper, verschiedene Hautfarben und Menschen mit körperlichen Einschränkungen kaum in Führungspositionen vorkommen. Führung ist nicht neutral, körperlos und ohne Geschlecht. Vielmehr befinden sich Menschen mit ihren Körpern in Organisationen und nehmen andere auch mit ihrem Geschlecht war und werten sie subjektiv im sozialen Kontext.

© Der/die Autor(en), exklusiv lizenziert an Springer Fachmedien Wiesbaden GmbH, ein Teil von Springer Nature 2023
B. Biehl, *Gender und Leadership*, SDG – Forschung, Konzepte, Lösungsansätze zur Nachhaltigkeit, https://doi.org/10.1007/978-3-658-42540-1_5

Bei Personen in Führungspositionen werden die Stimme, das Gewicht und die gesamte Erscheinung an dem Aussehen von Männern gemessen (Haynes 2012). Aus dieser oftmals unbewussten vergleichenden Bewertung von Körpern resultieren Wertzuschreibungen und Einordnungen „als Führungsperson" – oder eben nicht. Für **Frauen** ist die Situation schwierig, da Führung immer noch als männlich begriffen wird und besonders der Körper von Frauen stets betrachtet und beurteilt wird. Das geschieht selten bewundernd, sondern üblicherweise kritisch und prüfend (Mavin und Grandy 2016). Für viele andere ist dies ebenfalls eine Schwierigkeit, denn die sogenannte „Diskriminierung nach Augenschein" betrifft die Körper und ihre Fähigkeiten, Ethnizität, Geschlecht und andere Faktoren durch Zuschreibungen und kann den „wirtschaftlichen und gesellschaftlichen Zusammenhalt unterminieren" (Antidiskriminierungsstelle des Bundes 2017, S. 15).

Für **Männer** ist die Existenz in einer hervorgehobenen Position visuell im Allgemeinen nicht so herausfordernd. Sie ordnen sich problemlos ein, denn Männer sind in solchen Positionen häufig vertreten und wirken somit normal.

Das Privileg, nicht aufzufallen, gilt nicht für alle Männer. „Normal" ist, wer folgende Eigenschaften verkörpert: Weiß, männlich, heterosexuell, nicht behindert, Mittelklasse (Kenny und Bell 2011; Rumens 2014, S. 460). Wer nun von dieser Vorstellung abweicht, wird besonders betrachtet. Das sind Männer mit dunkler Hautfarbe, die in Machtpositionen ebenfalls unterrepräsentiert sind. Ebenso homosexuelle Männer. Das betrifft Männer auch intersektional, etwa den muslimischen Kollegen mit einer körperlichen Behinderung. Der **weiße Blick** (white gaze) (Rabelo et al. 2021) verzerrt die Wahrnehmung von Menschen, die keine weiße Hautfarbe haben, und unterzieht sie einer besonderen körperlichen Prüfung und Kontrolle. Beispielsweise finden sich unter dem Hashtag #BlackWomenAtWork auf sozialen Medien Berichte über alltäglichen Rassismus am Arbeitsplatz.

Führung wird in unserer Gesellschaft mit Personen, ihren Körpern und dem Aussehen verbunden. Die herrschenden Vorstellungen von vermeintlich passenden Körpern gehen nicht darauf zurück, dass andere sich als unfähig zu Führung bewiesen haben. Vielmehr zeugen diese

Vorstellungen davon, dass eine bestimmte Ästhetik mit einem männlichen Aussehen historisch gewachsen ist und bevorzugt wird. Diese Zuschreibungen von außen betreffen einzelne, ob sie wollen oder nicht. Eine solche Voreingenommenheit kann Auswirkungen auf die Karrieren von Menschen haben und auch Auswirkung auf das Selbstverständnis der Führungsperson, etwa durch positive und negative Reaktionen der anderen, die das eigene Selbstbewusstsein fördern oder Stress auslösen (Devine et al. 2020).

In der Managementforschung wurde traditionell so getan, als spiele der Körper für Führung keine Rolle, sondern nur der Kopf. Zwar wurden Körper kontrolliert und als Produktionsmittel eingesetzt, aber das Thema Körperlichkeit wurde lange Zeit an den Rand gedrängt – zugunsten der Orientierung an der vermeintlichen Rationalität (Stichwort „Scientific Management"). Bestimmte Aspekte wie Körperlichkeit und Sexualität wurden maskiert. Erst vor rund 25 Jahren interessierten sich Forscher*innen für den Körper und bezogen Sexualität, Geschlecht und Ethnizität mit ein, sowie die verkörperte Erfahrung der Menschen (Hassard et al. 2000).

Der Körper und seine Antennen

Obwohl es im Management traditionell um „den Kopf" geht, ist der Körper kein bloßes Fahrgestell für das Gehirn, eine Art „brain taxi", wie der Unternehmensberater Ludevig (2016, S. 158) einmal spottete. Damit ist Führung zweifach *verkörpert*. Erstens hat „Führung" in unserer Vorstellung, in der Forschung und im Diskurs einen Körper und ein Geschlecht, und zwar (noch) das männliche. Zweitens ist Führung eine verkörperte Interaktion.

Die Führungsperson *hat* nicht nur einen Körper, sondern *ist* ein Körper. Das bedeutet, dass Menschen mit ihrem Leib in der Lage sind, viele Dinge wahrzunehmen. Die Forschung hat gezeigt, dass Menschen Organisationen mit ihren Sinnen wahrnehmen (also „ästhetisch", in der Bedeutung von „sinnlicher Wahrnehmung"). Das bedeutet, wir registrieren die Stimmung im Meeting, die „eiskalte Atmosphäre", die „Energie im Raum", die „bedrückte Stimmung", wir riechen, wenn etwas nicht stimmt oder gar der Kopierer überhitzt, wir merken, wie sich Menschen wegdrehen oder einander zuwenden, wie sich die Gewichte in Beziehungen verschieben. Das ist gerade wichtig für Führungspersonen,

da die Akzeptanz von Führung permanent verhandelt wird. Da kann das
richtige Wort, die falsche Emotion und das fehlende Gespür zum Fallstrick
werden. Führung bedeutet nicht, einen Körper zu haben und mit diesem
im Unternehmen aufzutauchen. Führung bedeutet, ein Körper zu sein
und mit anderen zu interagieren und wahrgenommen zu werden, gewollt
oder ungewollt.

5.2   Frauen als Spektakel

Mein Körper, als Frau, wird anders gelesen als der Körper männlicher
Kollegen. Eine Studentin beobachtete: „Ich habe immer wahrgenommen,
was Sie anhatten und es bewertet. Nie habe ich das mit den anderen
Dozenten gemacht." (Sinclair 2004, S. 11)

Führungspersonen erhalten gewöhnlich mehr Aufmerksamkeit als
andere Mitarbeitende, schon allein aufgrund ihrer Position. Frauen
ziehen in Führungspositionen jedoch besonders viele Blicke auf sich.
Die Literatur spricht davon, dass Frauen mit ihrem Körper, Aussehen
und Verhalten eine Art „Spektakel" sind (Bell und Sinclair 2016; Gatrell
2013; Sinclair 1995, 2014). Frauen in Führungspositionen werden „als
Körper" wahrgenommen, was eine Reihe von Schwierigkeiten mit sich
bringt. Frauen sind besonders sichtbar. Das ist eine Barriere für Frauen
und nicht-männliche Menschen in Führungspositionen, kostet Nerven
und Ressourcen und verlangt neue Strategien.
    Es ist ein großer Markt für Styling- und Auftrittsberatungen ent-
standen. Für Frauen werden Trainings angeboten, die ihnen helfen
sollen, sicher aufzutreten und den Blicken standzuhalten. Nicht, weil sie
schlechter kommunizieren würden, sondern weil sie viele widersprüchliche Ansprüche ausbalancieren müssen. Das ist emotional anstrengend
und frisst Ressourcen, die in der eigentlichen Führungsarbeit besser eingesetzt wären (Ibarra et al. 2013). Es ist wichtig, sich diese ungleichen
Ausgangspositionen vor Augen zu führen.
    Davon   berichten   auch   prominente   Politikerinnen.   Ein
Pressereferentsagte einst über Hillary Clinton: Die Geschichte dreht

sich nie darum, was sie gesagt hat. Es geht immer darum, wie sie dabei aussah. Clinton kämpfte irgendwann nicht mehr dagegen an, sie konzentrierte sich einfach auf die Arbeit.

Hillary Clinton: Ihr Aussehen war immer eine Nachricht wert

Während ihrer Zeit als US-Außenministerin und Präsidentschaftskandidatin hatte Hillary Clinton zusammengerechnet mehrere Wochen Zeit für Outfit und Styling investiert. Sie musste viel Zeit und Geld aufbringen, während männliche Politiker (wie etwa Boris Johnson) sich nicht mal die Haare kämmten. Diese „geschlechtsspezifische Prüfung" (Bell und Sinclair 2016, S. 322) trifft eben vorrangig die Frauen. Bei Clinton schlug jeder Haarschnitt hohe Wellen in den Medien: Es wurde über die Kosten debattiert und die Wirkung, ob er zum Charakter passe und authentisch sei. „Es fasziniert mich, dass die Leute da so neugierig sind", sagte Clinton einmal zur Presse. Während einer Rede vor Student*innen der Universität Yale hatte die Politikerin einst betont: „Haare sind wichtig", und dem Publikum geraten: „Achtet auf eure Haare, denn alle anderen werden es auch tun!" (Gray 2016). Hier ist zu erwähnen, dass die Erscheinung von Donald Trump mit schlechtsitzenden Anzügen, blonder Haartolle und orangefarbenem Teint auch viel Beachtung und Häme auf sich zog. Diese Angriffe führten aber nicht dazu, dass er sich anpassen musste oder viele Ressourcen von der Arbeit abziehen und in das Styling stecken musste. Er war auch ungepflegt erfolgreich – wohingegen ungepflegt erscheinende Frauen sehr schnell ausgegrenzt werden.

Frauen werden nicht nur betrachtet, weil sie in diesen Positionen seltener vorkommen als Männer, sondern auch weil sie in unserer Gesellschaft generell mehr betrachtet werden als Männer. Frauen sind seit Jahrhunderten ausgiebig gemalt, gefilmt und fotografiert worden und dabei das Objekt des **männlichen Blickes** (male gaze) geworden. Im sozialen Leben, in der Werbung und auch in den Firmen ist es so, dass Männer *handeln,* und Frauen *erscheinen* (Berger 1972).

Der männliche Blick: Sexualisieren, begehren und beherrschen

Die Filmtheoretikerin Laura Mulvey (1975) hat den Begriff eingeführt und argumentiert, dass Frauen in der Welt der Kunst, der Malerei, der Fotografie, der Literatur, und auch im Film vorrangig aus der Perspektive heterosexueller Männer in ihren Positionen als Autor, Filmemacher oder

Fotograf dargestellt wurden. In diesen Filmen gibt es zwar viele Frauen, aber sie erscheinen eher als Körper, denn als Person. Bis heute sind die Protagonisten vorrangig männlich, Frauen sprechen weniger Text, und wenn sie untereinander sprechen, dann oft über die Liebe. Das beweist der sogenannte **Bechdel-Test,** der verdeutlicht, wie Frauenrollen eine insgesamt untergeordnete Bedeutung beigemessen wird. Die Fragen im Test lauten: Gibt es mindestens zwei Frauenrollen? Sprechen sie miteinander? Unterhalten sie sich über etwas anderes als einen Mann? Viele bekannte Filme fallen hier durch.

Frauen werden in den Medien und in Filmen bisweilen als das bedrohliche Andere präsentiert und zum Fetisch mit betonten Brüsten, Beinen und lackierten Fingernägeln. Sie werden sexualisiert und dann schlussendlich wieder in eine untergeordnete Position gerückt und kontrolliert. Man denke hier an Alfred Hitchcock, der perfekt gestylte, schlanke Blondinen verehrte, sie ins Scheinwerferlicht rückte, bewunderte, anschmachtete und dann Krähen am Set auf sie losließ, sie im Film von Kirchtürmen stieß und im realen Leben sexuell belästigte. Wer sich ihm verweigerte, wie Tippi Hedren, wurde hinterhältig auf Jahrzehnte hinaus beruflich sabotiert (Gabbard 1998).

Die Körper von Frauen werden demnach stärker geprüft als Männerkörper und oftmals als nicht zu Führung passend wahrgenommen. Geschlechterstereotype hängen am Körper und Frauen wurden historisch gesehen als „zu schwach" oder „zu emotional" eingeschätzt und damit als ungeeignet für Führung. Frauenkörper, Kleidung, ihre Sexualität und sozial antrainiertes Verhalten stehen im Gegensatz zu herkömmlichen Bildern von guter Führung. Nun rücken zwar mehr Frauen als je zuvor in Machtpositionen, aber es ist immer noch nicht klar, wie die ideale weibliche Führungsperson aussieht – während klar ist, wie die ideale männliche Führungsperson üblicherweise aussieht. Frauen müssen damit ständig Spannungen und Widersprüche ausbalancieren, um ihren Platz zu finden (Mavin und Grandy 2016, S. 1107).

Das lässt sich mit Judith Butlers (1990) **heterosexueller Matrix** erklären. Diese Matrix beschreibt, wie Körper, Geschlecht und Sexualität zusammenhängen und dass wir Menschen in diese Zusammenhänge einordnen. Beispielsweise bewerten wir von außen erkennbare Geschlechtsmerkmale („sieht weiblich aus"), und schließen davon auf das Geschlecht („die Person ist eine Frau"). Dann erwarten wir von dieser Person, dass sie ein bestimmtes geschlechtsspezifisches Verhalten an den Tag legt („hilfsbereit", „freundlich", „weiblich"). So wird Geschlecht sozial konstruiert. Dann erwartet die Gesellschaft, dass die Person heterosexuell ist. Beispielsweise werden Frauen oft nach ihrem „Freund" gefragt, obwohl nicht bekannt ist, ob sie an einem solchen überhaupt Interesse hätten.

Diese heterosexuelle Matrix lässt sich für die Untersuchung von Gender und Führung noch um einen Bestandteil erweitern (s. Tab. 5.1). Der Gegensatz Mann-Frau ist mit einer Wertung verbunden und beeinflusst, wie Personen in einer Führungsrolle gesehen werden. Denn Führungseigenschaften fallen (noch) zum Großteil mit männlichen Stereotypen zusammen („handelnd").

Diese Matrix verdeutlicht eine soziale Ordnung, die beschreibt, vorschreibt und einschränkt, wie sich Menschen verhalten (können). Diese sozialen Vorstellungen sollen erfüllt werden. Wer gegen Normen und gegen Heteronormativität verstößt, irritiert. Beileibe nicht alle Menschen sind so geboren, sondern sollen oder wollen diese Normen erfüllen. So inszenieren sich männliche Manager herrschenden Vorstellungen entsprechend, etwa auf Fotos, als konform, selbstbewusst und seriös (Biehl-Missal und Piwinger 2009).

Die Forschung und der Menschenverstand sagen uns, dass sowohl Männer als auch Frauen als auch nichtbinäre Personen mit diesen Normen oft kämpfen. Gerade in Bezug auf Führung bedeutet diese Matrix mit der Verbindung von Gender, Verhalten, Sexualität und Führungsrolle, dass Individuen es schwieriger haben, wenn sie keine Übereinstimmung erzielen (wollen).

Tab. 5.1 Heterosexuelle Matrix, eigene Darstellung und Ergänzung der „Leadership-Rolle". (Nach Butler 1990)

	Körper und Geschlechtsmerkmale	Geschlechtsidentität	Verhalten	Sexuelle Orientierung	Leadership-Rolle
Frauen	weiblich	weiblich	„weiblich"	begehren Männer	Folgen
Männer	männlich	männlich	„männlich"	begehren Frauen	Führen

Für Frauen in Führungspositionen führt dies zum Dilemma, wenn stereotyp weibliches Verhalten erwartet wird (empathisch, gemeinschaftsorientiert, unterstützend), das nicht zu einer vorherrschenden Vorstellung von Führung passt. Auch nicht jeder Mann will oder kann sich immer „maskulin" verhalten (agierend, zielorientiert, entschlossen). Homosexualität ist dann bei allen ebenso ein Bruch der Norm. Transgender Personen ecken ebenfalls in diesem engen Rahmen an.

Die Forschung schlägt deshalb vor, Führung selbst „queer" zu denken, also binäre körperbezogene Annahmen von Führung nicht als natürlich zu sehen, sondern kritisch zu hinterfragen und neue Körperbilder von Führung jenseits dieser Matrix zuzulassen (Muhr und Sullivan 2013, S. 430). Da diese Zuschreibungen sowieso sozial konstruiert sind, kann Geschlecht auch neu verhandelt werden (undoing gender). So sollte es für jede Führungsperson möglich werden, ihre als feminin oder als männlich oder androgyn gesehenen Eigenschaften zu verkörpern, ohne als „unnatürlich", „schwach", „fake", „zickig" und so weiter gedeutet zu werden.

Fragwürdige Anmerkungen am Arbeitsplatz: Kompliment oder Sexismus?

Fragwürdige Anmerkungen am Arbeitsplatz wurden von Madsen et al. (2022) gesammelt, analysiert und kategorisiert. Das Ziel ist, Sexismus aufzuzeigen, geschlechtsspezifische Ungleichheiten anzugehen und Kommunikation zu verbessern. Die Sätze stammen von Männern zwischen 46 und 59 Jahren in amerikanischen Büros. Sie lassen sich in fünf sexistische Kategorien einordnen.

Die erste Kategorie sieht den weiblichen Körper als **Sex-Objekt**. „Als ich Dich zum ersten Mal getroffen habe, war ich positiv überrascht, du sahst jünger aus. Du hast noch gute zehn Jahre heißen Sex vor dir!" Zweitens gibt es Anmerkungen, die vielleicht als **Kompliment gedacht** waren, von Frauen aber als unangemessen angesehen werden. Der Fokus liegt auf dem Aussehen, nicht auf den persönlichen Fähigkeiten. So deutete der ältere Mann mit seinem Finger auf eine weibliche Bewerberin im Vorstellungsgespräch und sagte: „Ich bin alt und habe einiges vergessen, aber ich erkenne immer noch eine schöne Frau". Drittens gibt es negative, nicht-sexuelle Aussagen über den weiblichen **Körper**: „Sie dürfen sich nicht mit Kunden treffen, solange Sie sichtbar schwanger sind." Viertens gibt es Kommentare, welche den Körper einer Frau als das **Eigentum** des Mannes darstellen: „Frauen sollten sich nicht durch Anmachen und ständiges Verlangen nach Zuneigung oder Körperkontakt beleidigt fühlen, denn es ist ein Kompliment und Frauen sollten sich freuen!" Die fünfte Kategorie enthält Bemerkungen, welche das **Aussehen** einer Frau als wichtigstes Attribut darstellen, was bisweilen auch von Frauen selber reproduziert wird: „Es ist wichtig für uns Frauen, schlank zu bleiben, deshalb esse ich so wenig." Diese Beispiele und Kategorien machen Sexismus sichtbar und bieten Ansatzpunkte, Kommunikation anders und gerechter zu gestalten.

5.3 Wo Körper ihren Platz finden

Das Verhältnis der Geschlechter wird sozial geschaffen und wer zentral und wer marginalisiert ist, zeigt sich auch räumlich in Organisationen. Manche Körper finden recht einfach ihren Platz, manche sind an bestimmten Orten Fremdkörper. So werden Frauen in Unternehmen auch als „Fremdkörper" bezeichnet (Weibler 2016). Dieser Begriff weist darauf hin, dass Frauen als nicht passend in einer männlich geprägten Welt wahrgenommen werden. Sie haben wortwörtlich „keinen Platz" und keinen Raum in Unternehmen. Historisch gesehen bieten Organisationen wenig Raum für Frauen, die über lange Zeiträume hinweg mit dem Heim assoziiert werden. Die Arbeitswelt hat sich historisch als männlich verfestigt. Bestimmte wirtschaftliche und soziale Verhältnisse verlangten schwere körperliche Tätigkeiten und Mobilität, die sich mit Schwangerschaft und Kinderbetreuung nicht gut verbinden ließen: Militärdienst, intensive Landwirtschaft und Arbeit in industriellen Gesellschaften (Harris 1993). Während Frauen häusliche Rollen wie Kindererziehung, Nahrungszubereitung und die Pflege der Kleidung übernahmen, arbeiteten Männer in Organisationen und Institutionen. Dabei konnten sie Zugang zu Ressourcen und Kapital nutzten und Positionen der Macht und Autorität aufbauen.

In Unternehmen sieht man vorranging ähnlich aussehende Körper. Vor allem in bestimmten Bereichen sieht man wenige Frauen und ebenso unterdurchschnittlich wenige Menschen mit nicht-weißer Hautfarbe und kaum Menschen mit körperlichen Behinderungen (s. Abb. 5.1).

Abb. 5.1 Organisationaler Raum: Nicht-Orte ohne Raum für Persönlichkeit, aber auch vorrangig von Männern bevölkert. Frauen arbeiten in Dienstleistungspositionen und halten Türen auf, mit einem gequälten Lächeln. (Quelle: Verena Landau, edition pass_over; mit freundlicher Genehmigung der Künstlerin)

Beispielsweise hat Ahmed (2006) ihre institutionellen Erfahrungen im Wissenschaftsbetrieb beschrieben, in dem bestimmte Subjekte, in dem Fall People of Colour, als Störfaktor wahrgenommen werden. Sie „stören" die vorgegebene weiße und heteronormative Ordnung und werden dann bisweilen für die Veränderung von „weißen" Räumen verantwortlich gemacht. Auch auf deutschen Schauspielbühnen traf man lange auf wenig Diversität und Intersektionalität – aufgrund der Ausschlussmechanismen der Ausbildung. Auch in Unternehmen zeigen sich Ausschlussmechanismen.

Diese Entwicklung hat dazu geführt, dass Räume in Organisationen nicht für alle Geschlechter gleichermaßen zugänglich sind, was sich auch bei genauem Hinsehen zeigt. **Machtverhältnisse** lassen sich aus der symbolischen, Form gewordenen Ordnung ablesen: Die wortwörtliche Top-Etage ist männlich, die einzelnen haben dort viel Platz, haben das Eckbüro und Türen, die sie schließen können. Das sind Orte, an denen bestimmte Männer ganz selbstverständlich erwartet werden, während unklar bleibt, wo überhaupt der Ort für Frauen ist (Höpfl und Matilal 2007).

Manche Menschen haben viel Raum und auch viel zu sagen und nehmen **Podien** mit Beleuchtung und Sitzabstand bei Diskussionsrunden ein, die bisweilen sogar ausschließlich männlich besetzt sind als "all-male panel" ("manel"). Die dicht gedrängte Zuhörerschaft, die den als wissende Experten inszenierten Sprechern lauscht, ist dann gemischt. Auch in Unternehmen saßen die Sekretärinnen lange sehr dicht beieinander – ohne Türen, Sichtschutz oder eigene Räume. Kontrolle in Organisationen geschieht auch über den Blick in andere Büros und den „Überblick" über Großraumbüros. Machtvolle Personen können sich dieser Kontrolle entziehen.

Auch heute sind **bestimmte Bereiche** voll von Frauen. So haben die feministischen Managementforscher*innen Brewis und Linstead (2004, S. 75) die Personalabteilung einmal plakativ als ein „female ghetto" bezeichnet. Der Ausdruck sollte auch zeigen, dass Frauen aufgrund von Zuschreibungen, die nichts mit ihnen als Menschen und Person zu tun haben, dort zusammengepfercht werden. Gemäß der herrschenden Geschlechterstereotype erwartet man von ihnen, kommunikativ, empathisch und hilfsbereit zu sein.

Die Managementforscherin Ann Rippin (2015, S. 121) hat einmal kritisch dargestellt, dass weibliche Körper in Organisationen ausgeschlossen werden, keinen Zugang erhalten zu wichtigen Orten wie der Führungsetage, dem Executive Board und dem Strategiemeeting. Ein Vordringen wird als Eindringen gesehen, als Aggression: „Organisationen sind Arenen für Männer, für männliche Macht und Gewalt, symbolisch oder in anderer Form. Was bleibt Frauen übrig, als unterstützend die Jacke anzunehmen und in die Garderobe zu hängen und die Bandagen [der verwundeten Kämpfer] zu wechseln."

Diese Machtverhältnisse vermitteln sich den Frauen und werden dann auch durch das eigene Verhalten fortwährend nachgebildet und reproduziert. Während Männer allgemeinhin weniger Probleme haben, für ein Mittagessen „ganz oben" anzuklopfen, trauen sich viele Frauen das nicht und sprechen folglich nicht mit anderen wichtigen Menschen und werden auch weniger wahrgenommen (Tannen 1995). Sie sind damit nicht präsent.

In der Politik sehen wir beispielsweise, was es bringt, sich unter das Volk zu mischen, Hände zu schütteln, da zu sein. Hier lohnt es sich, die eigene Wahrnehmung zu aktivieren und zu erkennen, wer wo ist und dort wie viel Zeit verbringt, wer mit wem essen geht, wer wo gerne gesehen ist und wer dort sein darf und einen „Platz" hat. Wer überall ist und überall hinkann, hat Einfluss.

Das Abjekte

Frauen sind in Unternehmen oft ein Fremdkörper, wofür die Managementforschung den Begriff „das Abjekte" herangezogen hat. Dieser beschreibt, dass Frauen als „das Andere" wahrgenommen werden. Der Begriff geht zurück auf Julia Kristeva (1984), die als Frau und Mutter im Exil allein unter französischen intellektuellen Männern war und Entfremdung und Isolation verspürte, ambivalent das Ausgestoßene und das Besondere war. Dieses Gefühl des Nicht-Dazugehörens, das Fremdeln kennen die vielen, die „allein unter Männern", beziehungsweise unter weißen und heterosexuellen Cismännern arbeiten als Frau, nicht-binäre Person, Person of Colour, homosexueller Mann, lesbische Frau, Muslim*in, schwarze Frau und so weiter. Alle Formen des Körper-Managements, also der Planung, Veränderung und Anpassung von Kleidung und Aussehen sind eine Folge dieser Abjektion oder Andersartigkeit.

5.3.1 Schwangerschaft

Wenn der Ort von Frauen nicht die Arbeitswelt ist, sondern das Zuhause, dann sind bestimmte weibliche Körper dort noch stärker fehl am Platz. Das sind die, die Nachwuchs tragen. Im historischen und kulturellen Kontext werden Frauen mit ihrem Körper, der auch noch schwanger werden kann, zum Objekt der Faszination und des Widerwillens in Organisationen.

Die Managementforschung erklärt das psychoanalytisch. In der Tradition von Organisationen wird geplant, kontrolliert und Dinge werden im Zaum gehalten. Hier herrscht der Geist, nicht der Körper, die Organisation wird reduziert auf das Abstrakte, Rationale und den Zweck (Höpfl 2008, S. 349). Der schwangere Körper ist für diese Vorstellung ein direkter Affront: er geht auf, schwillt an, ist voll von Flüssigkeiten, gibt welche davon ab, ist nicht kontrollierbar (s. Abb. 5.2). Von allen Körpern ist es der leibliche, natürliche, ursprüngliche, gebärende und verletzliche schwangere Körper, der den größten Widerspruch zur traditionell sauberen, geordneten und rationalen Welt des Managements darstellt (Huopalainen und Satama 2019).

Abb. 5.2 Die Schwangere und ihre Flüssigkeiten als Bedrohung, Tusche-
zeichnung zum Thema von Henrik Schrat. (Quelle: erschienen in Gender, Work
& Organization, Biehl-Missal 2015, mit freundlicher Genehmigung des Künstlers)

Die schwangere Managerin und das Projekt „Wal"

Die prominente Topmanagerin Sheryl Sandberg berichtet von ihrer
Schwangerschaft während der Tätigkeit bei Google: Mit schmerzenden,
geschwollenen Füßen und prallem Bauch walzte sie sich morgens müh-
sam über den langen Firmenparkplatz. So kann es nicht weitergehen,
sagte sie sich, und lief schnurstracks zum CEO, um dort Parkplätze für
Schwangere in der ersten Reihe zu fordern. Dieser schaute sie erstaunt
an, diese Thematik war für ihn ganz neu. Auch sonst erfuhr sie keine
besondere Empathie. Ein Ingenieur steckte ihr irgendwann, dass das
wenig feinfühlige Team das sogenannte „Projekt Wal" nach ihr benannt
hätte. Derlei Diskriminierung und Sexismus schildert Sandberg (2019) in
der Rückschau als Karrierehemmnisse.

Wenn nun Frauen kulturell weniger mit dem Büro in Verbindung
gebracht werden als mit dem Zuhause, werden Schwangere und Mütter

es noch weniger. Mütter und schwangere Frauen sind besonders von dem daraus resultierenden ideologischen Dilemma betroffen: Sie müssen zwischen der „guten Arbeitskraft" (Unternehmen) und der „guten Mutter" (Zuhause) balancieren.

Gerade Schwangere merken, dass sie um den eigenen Status und das Ansehen kämpfen müssen. Ein Schwangerschaftsbauch fällt generell auf und in den Medien sehen wir, wie er zunehmend zum Fetisch der Massen geworden ist. Beim „bump watch" werden die berühmten Schwangeren betrachtet, aber nicht nur wohlwollend, sondern auch permanent geprüft in Bezug auf Größe, Gesamtgewicht und Outfit, bis hin zu unaufgeforderten, übergriffigen Spekulationen über den Uterus und sein Innenleben. Auch werdende Mütter in Bürojobs werden beobachtet und bewertet und sind in Bezug auf die Karriere angezählt. Sie versuchen, nicht noch weiter negativ aufzufallen. Wie die Wissenschaftlerin Gatrell (2013) untersucht hat, geben viele die Schwangerschaft tendenziell spät bekannt und leisten dann Mehrarbeit, um die unangenehme Wahrnehmung zu kompensieren, dass sie eigentlich nicht mehr belastbar oder gar arbeitsfähig seien. Oft ist die darauffolgende Elternzeit der Einstieg in die Teilzeitarbeit, die mit einer verfestigten Lohnlücke (Gender Pay Gap) einhergeht und niedrigeren Rentenzahlungen im Alter.

Die Rückkehr wird von strukturellen Gründen erschwert und von der Rollenverteilung der Geschlechter und auch von ganz praktischen Dingen. Es hat lange gedauert, bis Räume zum Stillen oder Milchabpumpen zur Verfügung gestellt wurden. Frisch gewordenen Müttern ist das oft unangenehm. Sie versuchen, diese Prozesse zu verstecken, um ihr Ansehen als gute und professionelle Mitarbeiterinnen zu retten. Allerdings geht die Arbeit am Bild der „guten arbeitenden Mutter" (Turner und Norwood 2013) beständig weiter, wozu die Firmen beitragen, die ihnen Raum geben und die Kolleg*innen, die sie unterstützen. Organisationen sind auch ein Ort der Menschen und ihrer Körper.

Motherhood penalty – fatherhood bonus

Mütter haben es im Arbeitsleben schwerer als Frauen ohne Kinder, was auch mit der herabsetzenden Annahme zu tun hat, dass Mütter weniger kompetent und committet seien als andere Mitarbeitende: Mütter, die überdurchschnittlich gut performen, werden als weniger warm, weniger nett und weniger wohlgesinnt gesehen (Benard und Correll 2010). Für Väter gelten Kinder weniger als Karrierehindernis denn als soziales Plus. Ganz im Einklang mit dem Bild des „Brötchenverdieners" kann sich der Nachwuchs sogar vorteilhaft auf die Bezahlung auswirken und in Beförderungen niederschlagen (Corrigal und Konrad 2006). Dieses Problem ist bekannt und wird beispielsweise in sozialen Medien als #motherhoodpenalty und #fatherhoodbonus diskutiert. Hier sind auch Bilder einzuordnen, die junge Väter mit Baby am Arbeitsplatz gepostet haben. Das zeigt zunächst einmal das moderne Engagement für die Familie. Solche Bilder wirken bei Männern positiv („Er kümmert sich!"), bei Frauen aber normal („Sie kümmert sich halt."). Bei Frauen werden sie als Gegenteil von Führung und sogar als Widerspruch zur Teilhabe am Arbeitsleben wahrgenommen („Warum bleibt sie dann nicht zuhause?").

5.3.2 Wechseljahre

Wenn Körper in der Managementforschung und -praxis nicht besprochen und berücksichtigt werden, dann bekommen Menschen auch keine Unterstützung, wenn sich der Körper verändert. Das betrifft beispielsweise Frauen, deren Körper sich mit der Menopause verändern, wenn sie durchschnittlich um die 50 Jahre alt sind. Der Zeitabschnitt der Wechseljahre ist eine körperliche Belastung, die sich auch bei der Arbeit bemerkbar machen kann.

Hierzulande stehen viele dem Thema mit gemischten Gefühlen gegenüber: Über die Wechseljahre (Klimakterium) zu sprechen, könnte die sowieso schon schwierige Stellung der Frau weiter schwächen. Wenn Einschränkungen ausführlich thematisiert würden, könne es so wirken, als seien Frauen nicht leistungsfähig. Zudem fällt gerade der Aufstieg in Führungs- und Aufsichtsratspositionen in diese Altersgruppe. Für andere wiederum werden zu dem Zeitpunkt die Möglichkeiten für berufliche Veränderung weniger. Männern ist es unangenehm, über das Thema zu sprechen, zumal sie auch wenig darüber wissen.

In Deutschland sind neben Informationsseiten der Pharma-Industrie noch wenig geordnete Informationen zu finden, auch nicht von den gesetzlichen Krankenkassen. International hingegen sind bereits Informationsseiten für Unternehmen erstellt, die Forschungsergebnisse zu dem Thema vorstellen und Handlungsempfehlungen geben (https://www.menopauseatwork.org/about). Diese Fortschritte gehen von Managementforscherinnen aus und gehören zur zeitgenössischen feministischen Theoriebildung, die sich mit den übersehenen Körpern beschäftigt und sozial etwas ändern will.

Diese Stimmen wollen die Tabuisierung des weiblichen Körpers beenden. Sie sagen, man dürfe den weiblichen Körper, der sowieso bei der Arbeit betrachtet, sexualisiert und ausgegrenzt wird, nicht alleine lassen. Das Stillschweigen verlangt von Frauen, ihre Sexualität zu verstecken, oder folgt einer neoliberalen Stoßrichtung: Frauen sind dann selbst in der Verantwortung, körperliche Unterschiede sozusagen zu managen und aufzufangen, auch mit Selbstmedikation bei der Menopause wie auch bei Menstruationsschmerzen oder dem Timing von Geburten in Einklang mit dem Firmen-Terminkalender (Kenny und Bell 2011).

Bei dem Thema Wechseljahre, wo die Fortpflanzungsfähigkeit der Frau nach der letzten Blutung aus der Gebärmutter (die sogenannte Menopause) endet, kommt noch die Altersdiskriminierung hinzu, wenn die mit der Umstellung verbundenen Herausforderungen nicht mal „der Rede wert" sind. Der Zeitabschnitt der Wechseljahre lässt sich konkret als intersektionale Erfahrung beschreiben (Atkinson et al. 2021).

Die Wechseljahre betreffen nicht nur die Frauen selbst. Schlafstörungen, Stimmungsschwankungen oder Depressionen der Mitarbeiterinnen – falls sie denn eintreten – schwächen die Arbeitsleistung im Team und im Unternehmen und sind auch konjunkturell relevant. So kann unzureichende Aufmerksamkeit diesen Frauen und ihren Umständen gegenüber etwa in Großbritannien sogar ein Gesetzesverstoß sein. Dort hat beispielsweise die Unternehmerin Michelle Kennedy die Wissens- und Kommunikationslücke im Bereich Mutterschaft, Zyklus und Menopause erkannt und die Social Media-App „Peanut" erfunden, auf der sich Gleichgesinnte offen austauschen können.

Das Schweigen über die Wechseljahre blockiert Karrieren von Frauen. Den Unternehmen gehen Leistungsträgerinnen verloren, wenn diese aus dem Berufsleben früher ausscheiden und zu einem bestimmten Zeitpunkt keine Beförderung mehr anstreben (Standard Chartered und Financial Services Skills Commission 2021).

> **Empfehlungen zum Umgang mit den Wechseljahren für Unternehmen**
>
> 1. Frauen sollen Informationen und Hilfestellung erhalten, wie sie die Wechseljahre besser mit ihrem Beruf verbinden können.
> 2. Strukturelle Barrieren müssen entfernt werden, es muss klare Prozesse geben, etwa durch betriebliche Regelwerke und Programme zu den Wechseljahren. Diese können flexiblere Arbeitszeiten und zusätzliche freie Tage enthalten.
> 3. Die bisherigen Diskurse müssen anders gestaltet werden, um das Tabu-Thema zu normalisieren.

5.4 Kleidung

Was ziehe ich an, wenn „Führung" in den Medien meist mit einem Anzug visualisiert wird, in dem ein Mann steckt? Frauen sind gerade in den höchsten Kreisen der Macht selten und damit etwas Besonderes und werden stärker betrachtet als Männer. Kleidung ist im sozialen Leben auch immer eine Art Verkleidung, bei der wir unsere Erscheinung anpassen und versuchen, den Eindruck, den wir auf andere machen, zu steuern. So wurde Frauen oftmals geraten, hart zu arbeiten, aber nicht aufzufallen („Stand out but don't stick out"). Andere wiederum schwören darauf, dass Frau ihre Weiblichkeit zeigen solle. Es gibt keinen einzigen und richtigen Weg. Für heterosexuelle Männer fallen Geschlecht, akzeptiertes Führungsverhalten und Körper traditionell zusammen. Bei Frauen gilt das nicht. Die Forschung hat deshalb untersucht, wie Frauen bei der Arbeit ihre Erscheinung regelrecht managen (Mavin und Grandy 2016).

Der Anzug

Kleidung ist auch ein soziales Kostüm. Der Anzug signalisiert mit der Arbeitswelt verbundene Werte wie Disziplin, Kontrolle und Macht. Mit der oft dazu gehörigen Krawatte – ein phallisches Symbol – symbolisiert der Auftritt eine männliche Sexualität. Gleichzeitig zeigt der Träger eines Anzugs, welcher sich die letzten 150 Jahre nicht wesentlich verändert hat, eine Zugehörigkeit und Zustimmung zu einer sozialen Ordnung, in der er eine eher privilegierte Position einnimmt. Wer sich die Inszenierungen von deutschen Topmanagern ansieht, findet die größten Unterschiede in den Krawatten (Biehl-Missal und Piwinger 2009). Der Anzug signalisiert in vielen Branchen Professionalität für den Mann. Während Männer sich uniformiert in die Anzugreihen einfügen können, gibt es kein Äquivalent für Frauen.

Was Frauen mit ihrer Kleidung machen können, hängt auch von ihrer Position ab. Das zeigt Sinclair mit einer Matrix, die Sexualität und Macht in vier Feldern aufträgt (s. Tab. 5.2). Im Folgenden werden Beispiele für die verschiedenen Kombinationen gegeben. Gerade in weniger einflussreichen Positionen haben Frauen einen geringeren Spielraum in Bezug auf die Kleidungswahl.

Eine Kombination mit Tradition ist **niedrige Macht/hohe Sexualität.** Das beinhaltet Frauen in repräsentativen, untergeordneten Rollen.

Tab. 5.2 Frauen und Aussehen in Führungspositionen. (Eigene Darstellung, nach Sinclair 1995)

Sexualität (hoch)	Frauen in sexualisierten und diskriminierenden Arbeitsumgebungen, bisweilen mit Kleiderordnung	Frauen mit hoher körperlicher und weiblicher Präsenz, femininer Kleidung, bringen ihr Baby mit zur Arbeit, verteidigen sich mit Humor und Energie
Sexualität (niedrig)	Frauen verneinen ihre Weiblichkeit in einem maskulin dominierten Umfeld, unauffällige Kleidung, erwähnen kein Privatleben oder Kinder	Frauen verbergen ihre Sexualität, „dunkler Anzug"
	Macht (niedrig)	**Macht (hoch)**

Das sind Frauen am Empfang, die im Rock und mit hohen Schuhen auftreten müssen. Die primäre Aufgabe dieser Jobs ist es, als Attribut die Wertigkeit der mächtigen Männer im Patriarchat zu unterstreichen, und dafür ist heteronormative Sexualisierung gefragt. Das wird fortgeführt in Positionen, gerade in Service-Bereichen, in denen adrettes Aussehen und weibliches Verhalten verlangt wird (Flugbegleiterin), bis hin zum Bereich Sex Work (historisch: Playboy Bunny).

Frauen mit **wenig Macht/wenig Sexualität** können für sich entscheiden, ihre Weiblichkeit zu verstecken und zu verbergen, auch nicht über ihre Kinder, Familien oder Sexualität im Allgemeinen zu sprechen. Das betrifft viele Positionen im handwerklichen Bereich und auch in der Wissensarbeit, bis hin zur jungen Unternehmensberaterin.

Die Kombination **hohe Macht/niedrige Sexualität** sehen wir bei den Frauen im deutschen Topmanagement, die meist dunkel und hochgeschlossen erscheinen, ohne hohe Schuhe, lange Fingernägel und Ähnliches. Das wird auch als „passing up" bezeichnet: Eine Person von einer sich nicht an der Macht befindlichen Gruppe möchte aussehen wie die anderen, um nicht ausgeschlossen und zurückgewiesen zu werden (Bolsø und Mühleisen 2018). Die Idee der Anpassung scheint logisch, geht aber nicht vollständig auf. Wenn die Frau sich zu sehr wie ein Mann kleidet, wird sie nicht als glaubhaft wahrgenommen, da der gesellschaftliche Druck („heterosexuelle Matrix") verlangt, dass binäre Geschlechteridentitäten erkennbar sind (Butler 1990). Auch wartet die Gesellschaft nur darauf. Das zeigt sich etwa im Fall der früheren Bundeskanzlerin Angela Merkel, die zwar nicht in grau, aber im typisch hochgeschlossenen Stil erschien – bis auf einen einzigen Auftritt mit Dekolleté beim Opernabend. Die Presselandschaft explodierte: Die mächtigste Politikerin der Welt hat Brüste! „Wie viel Dekolleté darf eine Kanzlerin zeigen" fragten die Medien, ist sie „kühn und elegant" oder „unbeschreiblich weiblich", oder ist das schockierend – wobei ein männlicher Politiker solche Schlagzeilen nur „mit einem bis zum Nabel aufgeknöpften Hemd" hätte erzielen können (Strohmaier 2008). Die Frau bleibt immer Frau und damit anders, betrachtet, abjekt.

Die letzte Kombination **hohe Macht/hohe Sexualität** setzt auf Selbstbewusstsein. Gerade hier hat sich in den letzten Jahren einiges verändert. Frauen betonen ihre Weiblichkeit und zeigen einen deutlichen Machtwillen. Dieser Ansatz wird auch „feminizing to power" (Bolsø und Mühleisen 2018) genannt. Ein Beispiel aus dem Topmanagement ist die damalige Yahoo-Chefin Marissa Mayer. Sie erschien fast hyperfeminin mit Yves-St-Laurent-Kleid, High Heels, knalligem Makeup und langen blonden Haaren auf einer Liege in der Zeitschrift Vogue. Die Kontroverse, die folgte, zeigte wiederum die paradoxe Faszination an Frauenkörpern, die bestaunt und abgelehnt werden. Mayer löste eine heftige Debatte darüber aus, wie Frauen in Führung heute sein dürfen. Andere amerikanische „Power-Frauen" erscheinen in einem ähnlichen (postfeministischen) Look, darunter Sheryl Sandberg, die in ärmellosen Etui-Kleidern und mit Heels auftritt.

Das Fazit der Forschung lautet, dass Frauen nach wie vor ständig diese widersprüchlichen Vorstellungen ausbalancieren müssen: zwischen elegant, attraktiv, nicht zu freizügig, nicht zu feminin, bloß nicht zur sehr „wie Mutter". Sie versuchen männliche und weibliche Zuschreibungen gleichermaßen zu verkörpern, was auch als „cross-dressing to power" beschrieben wird (Mavin und Grandy 2016, S. 1111–1112). Das zeigt, dass es nicht funktioniert, unbedarft „einfach so wie ich bin als Frau" den Karriereweg entlangzuschreiten.

Die herrschenden Vorstellungen können sich ändern, wenn es mehr Frauen in Führungspositionen gibt, mehr nicht-binäre Personen, mehr Personen aus verschiedenen ethnischen, religiösen und sozialen Gruppen. Das bestmögliche Outfit auf dem Weg dorthin gibt es bisher nicht.

5.4.1 Das Aussehen anderer beurteilen

Frauen befinden sich in einer doppelt schwierigen Lage, was das Aussehen angeht. Einerseits sind sie das Objekt des männlichen Blickes, andererseits haben sie diesen aber auch übernommen. Nicht nur Männer, sondern auch Frauen selbst beobachten Frauen und beurteilen und vergleichen sie und damit sich selbst. Das erschwert weibliche Karrieren.

Frauen managen nicht nur ihr eigenes Aussehen, sondern **kontrollieren** auch, wie andere Frauen ihren Körper richtig präsentieren, belohnen und strafen auch ab. Sie legen fest, wie Führung verkörpert werden soll und dehnen diese auf andere Frauen aus: Beispielsweise geben sie Hinweise an eine Kollegin, sie solle ihre Bluse zuknöpfen, weil ihr alle nur auf die Brüste starren würden (Mavin und Grandy 2016, S. 1107). Frauen „helfen" auch anderen, indem sie sie rügen, wenn ihre Kleidung „daneben" ist, also an den herrschenden Vorstellungen von Professionalität vorbeigeht. Das können die Stiefel sein, der kurze Rock, oder grelle Oberteile. Dieses Schulmeistern hat zwei Seiten: Einerseits will es andere schützen, andererseits verhindert es auch mögliche Veränderungen.

Frauen wie auch Männer **beurteilen das Aussehen** und Verhalten von Frauen, beispielsweise bereits beim Jobinterview. Die Haltung und Sprache, die Frisur und das Gewicht werden kritisch beäugt, vermeintliche Fehler werden gefunden – bis hin zum Loch in der Strumpfhose und der Pferdeschwanz-Frisur, die oft nicht als führungstauglich eingestuft wird (Mavin und Grandy 2016, S. 1114). Hier zeigt sich wieder, dass Führung zwischen den Menschen ausgehandelt wird. Nicht jeder Körper wird in einer Führungsrolle akzeptiert. Hierbei werden Frauen von anderen auch aufgrund ihres Gewichts beurteilt und gegebenenfalls als undiszipliniert und willensschwach ausgesondert (Mavin und Grandy 2016, S. 1110). Das ist eine unsachliche und problematische Entwicklung, die als **Fatphobia** thematisiert wird (Murray 2008).

Auch hier ist aber davon auszugehen, dass Frauen nicht „von Natur aus schwierig" sind. Vielmehr ist dieses Verhalten eine **Folge der Gesellschaftsordnung,** bei der es unklar ist, wie die erfolgreiche Frau überhaupt auszusehen hat. Vergleiche von Frauen mit Frauen sind eine Folge des dominanten männlichen Führungsbildes. Daraus entstehen Irritation, Stress und Unsicherheit.

Psychologisch gesehen minimieren Frauen das Risiko, selbst abgelehnt zu werden, wenn sie sich von als schwach wahrgenommenen Frauen distanzieren (zu mädchen-mäßig, zu sexy, zu übergewichtig), und sich an jene anschließen, die sie als „stark" wahrnehmen. Jedoch wird auch hier eine Verbindung von Körper (stark) und Geist (stark) konstruiert, die keinen kausalen Zusammenhang hat (Mavin und Grandy 2016, S. 1109).

Es gibt auch Frauen, die ganz klar sagen, dass sie das Aussehen anderer nicht beurteilen und nur auf die Kompetenz schauen möchten. Auch das kann eine persönliche und eine feministische Position sein. Allerdings kann es den Status quo wiederum festschreiben, indem es jene kritisch sieht, die sich besondere Mühe mit ihrem eigenen Aussehen geben und sich ins Zeug legen („power dressing") oder absichtlich anders auftreten wollen (Mavin und Grandy 2016, S. 1110).

Fortschritt hängt davon ab, wie Akteur*innen selbst diesen Druck erkennen und hinterfragen und aufhören, sich selbst und andere zu überwachen und zu regulieren. Es geht darum, die eigene Identitätsarbeit mit dem Körper bewusst zu gestalten (Mavin und Grandy 2016, S. 1113) und offen zu sein für neue Verkörperungen von Führung.

5.4.2 Die Beauty-Prämie

Schönheit hat nichts mit Kompetenz zu tun, zahlt sich in der Karriere aber oft aus. Das **Attraktivitätsstereotyp** sagt: „Wer schön ist, ist auch gut". Obwohl es wissenschaftlich unhaltbar, sexistisch, diskriminierend und rassistisch ist und man ständig in der Beurteilung anderer Menschen irrt, werden gutaussehende Menschen regelmäßig für erfolgreicher, intelligenter und fleißiger gehalten (Henss 1998). Normschöne und normgewichtige Menschen werden in vielen Bereichen begünstigt. Viele fallen auch auf Stereotype von Führung herein und bringen den vermeintlich „richtig" aussehenden Personen Zutrauen und Vertrauen entgegen.

Attraktive Männer profitieren von ihrem Äußeren für ihre Karriere, was verschiedene Studien belegt haben. Hier sind traditionell maskulin aussehende Typen im Vorteil, die so aussehen, wie Führung in Filmen und in den Medien dargestellt wird: Kantiges Kinn, breite Schultern und hohe, eckige Stirn überzeugen. Diesen Personen wird Führungskompetenz zugeschrieben (Rennenkampff et al. 2003).

Bei Frauen ist Attraktivität sowohl positiv als auch negativ. Zunächst einmal hängen in unserer Gesellschaft für Frauen viele Privilegien vom

Körper ab. Gutes Aussehen wirkt positiv und liegt im Trend. Frauen vergleichen sich fortlaufend mehr oder minder bewusst mit anderen, was beispielsweise von der Autorin Angela McRobbie (2015) als „weiblicher Wettkampf in neoliberalen Zeiten" beschrieben wird.

Der perfekte Körper in den Medien und die Kardashians

Während in einer früheren Welle des Feminismus weibliches Styling abgelehnt wurde, propagieren zeitgemäße postfeministische Strömungen, dass Frauen ihren Körper zeigen, präsentieren und perfektionieren dürfen – und sollen. Hier beeinflussen uns auch Film, Presse, Internet und die sozialen Medien, bei denen heftig retuschiert und in Szene gesetzt wird. Den Kampf um Perfektion zeigen uns omnipräsente Celebrities, beispielsweise das größte globale Medienphänomen unserer Zeit: Die **Kardashians.** Hier werden Schönheitsoperationen vor laufender Kamera durchgeführt, der großflächige Einsatz von Make-up, Haarteilen und teuren Outfits ergänzt stundenlange maßgeschneiderte Work-outs. Unter der Führung von Matriarchin und „Momager" Kris Jenner sind die Frauen der Familie wie Kim, Khloé, Kourtney, Kendall und Kylie als Entrepreneurinnen und Influencerinnen wirtschaftlich erfolgreich und bieten über eigene Produkte und ständige Präsenz in Reality-TV-Serien und auf sozialen Medien die Möglichkeit, „so zu sein" wie sie. Sie erreichen ein internationales Millionenpublikum und propagieren neuartiges emotionales Verhalten gepaart mit postfeministischem unternehmerischem Geschäftsgebaren. Die Medien haben einen großen Einfluss, und man kann annehmen, dass diese Frauen für viele als Rollenmodelle fungieren und vorleben, wie erfolgreiche Unternehmerinnen vermeintlich aussehen. Dieser ambivalente Auftritt füllt eine Lücke, denn Rollenmodelle für wirtschaftlich erfolgreiche Frauen sind historisch eher selten.

Vor allem weiße Frauen aus der Mittelschicht investieren Zeit und Mühe in ihren attraktiven Körper und setzen ihn als eine Art **Beauty-Prämie** ein. Der Körper bringt Respekt, Anerkennung und begünstigt Erfolg (Mavin und Grandy 2019). Wer gesellschaftliche Normen erfüllt, was Aussehen, Haarfarben, Styling und Körpermaße angeht, wird anerkannt. Es gibt einen Konsens, wie eine Frau aussehen soll: Ordentlich angezogen, gutes Benehmen, angemessener Körper und Erscheinung. Solche Vorstellungen sind Formen sozialer Kontrolle: Wer sie erfüllt, erhält Respekt, Würde, Selbstwert und Wert.

Manche erfüllen solche Vorgaben deshalb bewusst, andere erfüllen sie unbewusst. Frauen in Führungspositionen spielen teilweise aktiv das Spiel mit und geben auf ihren Körper und ihre Erscheinung Acht (body work), um als glaubwürdige und respektable Führungsperson anerkannt zu werden. In diesem Zusammenhang erhalten Frauen beispielsweise auch Bewunderung von anderen für ihren sicheren Gang in hohen Schuhen, das Power-Outfit und den beeindruckenden Körper. Sie signalisieren: Ich treffe meine Wahl, ich bringe meine Persönlichkeit zur Arbeit, ich trete selbstbestimmt auf (Mavin und Grandy 2019, S. 1552).

Die Kehrseite der Medaille: Wenn Frauen attraktiv weiblich sind, hilft ihnen das nicht uneingeschränkt, abhängig von unseren Vorstellungen davon, wie Führung auszusehen hat. In einer älteren Studie wurde ein zu feminines Aussehen mit viel Schmuck, Farben, offenen und langen Haaren und einem starken Make-up als weniger führungstauglich eingestuft. Frauen, die in gedeckten Farben und hochgeschlossener Kleidung erschienen, konnten hier punkten (von Rennenkampff et al. 2003).

> **Gutes Aussehen hilft Frauen nicht bei Geschäftspräsentationen**
>
> Man könnte annehmen, gutes Aussehen bringt Vertrauen und Geld in die Kasse. Das trifft aber nicht bei unternehmerischen Vorhaben zu. Wenn Frauen nun besonders attraktiv weiblich sind, hilft ihnen das nicht bei Präsentationen vor Investoren. In einer Untersuchung schnitten gutaussehende Männer besser ab. Attraktive Frauen hatten keine Vorteile, sondern nur Nachteile, denn selbst bei einem identischen Inhalt des Pitchs wurden sie als weniger überzeugend, logisch und faktenbasiert eingestuft als die Männer (Brooks et al. 2014).

Generell werden Frauen bei der Arbeit für Leistung *und Aussehen* beurteilt, Männer für ihre Leistung (Brower 2013). Die anderen Studien zeigten, dass Aussehen eine Prämie für Männer ist, aber die Realität zeigt auch viele nicht gutaussehende Männer in Machtpositionen – also ist es kein Ausschlusskriterium. Dies verdeutlicht einen weiteren **Doppelstandard:** Männer haben es einfacher als Frauen aus der gleichen sozialen Schicht, mit dem gleichen ethnischen Hintergrund, der gleichen Ausbildung. Sie müssen ihr Aussehen nicht im selben Ausmaß selbst-managen, selbstdisziplinieren, selbstregulieren (Swan 2017, S. 276). Ein anderer Doppelstandard ist, dass die Attraktivität der Partnerin bei Männern ein Plus ist, während Frauen mit einem gutaussehenden Partner einen Führungsnachteil haben. So profitieren männliche Machtmenschen besonders von einer schönen weiblichen Begleiterin. Ihnen wird eine höhere Führungskompetenz zugeschrieben, ohne diese tatsächlich bewiesen zu haben. Frauen in Führungspositionen wirken aber mit einem gutaussehenden Partner nicht besser – eher schwächer, weil man ihm die Führungsrolle (Leader) zuschreibt und ihr die Geführtenrolle (Follower) (Kocoglu und Mithani 2019). Das „Arm Candy" (weiblich) wird damit zur Fußfessel (männlich).

Für die Frau wird äußerliche **Selbstoptimierung** eine rationale Wahl, wenn sie vorankommen will. Das verlangt ständiges Bemühen um Aussehen, die Auswahl und Überarbeitung der Outfits sowie Selbstkontrolle (Mavin und Grandy 2019). Das Problem ist, dass diese Bemühungen einzelne Personen selbst viel Zeit und Ressourcen kosten und keine gemeinschaftliche Arbeit am System und den Strukturen darstellen – die eigentlich nötig wären. Diese neoliberale Selbstregulierung zementiert auf diese Art bestehende ungleiche Machtverhältnisse. Dennoch haben diese individuellen, hauptsächlich cisweiblichen, weißen und heterosexuellen Bemühungen auch einen Einfluss, wenn sie zumindest das dominante männliche Bild von Führung verändern und durch ein weibliches Bild ergänzen können. Die Wissenschaftlerinnen Mavin und Grandy (2016, S. 1556) sehen also diese postfeministische Selbstoptimierung als eine legitime Form des Widerstands und Aktivismus, die die Position der Frau in der männlichen Führungskultur erkennt und kritisch infrage stellt und verhandelt.

Dennoch bedeutet weiblicher Erfolg nicht, perfekt auszusehen. Es gilt auch hier, die eigene Identität nicht in einer nie erreichbaren Perfektion zu suchen. Die kritische Frage kann sein: Wie gebe ich mich und wie stehe ich anderen Frauen und ihrer Erscheinung gegenüber, ohne kompetitiv, mobbend, antifeministisch, transfeindlich und reaktionär-diskriminierend zu handeln?

5.5   Sexualisierte Belästigung

Sexualisierte Belästigung am Arbeitsplatz ist weit verbreitet, untrennbar mit dem Körper und dem Geschlecht verbunden, und stellt ein weiteres Hindernis für Menschen im Arbeitsleben, in Führungspositionen und auf dem Weg dahin dar. Zeugnis davon geben auch die Medien, in denen Betroffene weltweit auf das Ausmaß sexueller Belästigung aufmerksam machten (#metoo).

Sexualisierte Belästigung geht in den meisten Fällen von Männern aus. Sie betrifft vorrangig Frauen, aber ebenso Männer, die häufiger von männlichen Kollegen belästigt werden als von Frauen (SUZ 2015). Women of Colour werden überdurchschnittlich oft sexuell belästigt, oft in Kombination mit Rassismus (Cassino und Besen-Cassino 2019).

Sexualisierte Belästigung zu verhindern ist eine umfassende Aufgabe, die an verschiedenen Ebenen ansetzt: beim Individuum, in der Aus- und Weiterbildung, auf Ebene der Branche und beim Gesetzgeber (Hennekam und Bennett 2017).

> Sexuelle Belästigung am Arbeitsplatz wird definiert als „jedes unerwünschte, sexuell bestimmte Verhalten, das die Würde der betroffenen Person verletzt" (Allgemeines Gleichbehandlungsgesetz AGG § 3 Abs. 4). Grundsätzlich gilt sexuelle Belästigung am Arbeitsplatz als **Diskriminierung.** Hierzu zählen also nicht nur erzwungene **sexuelle Handlungen,** sondern bereits **sexualisierte Anspielungen,** Gesten und auch unerwünschte erotische oder pornografische Bilder, die am Arbeitsplatz aufgehängt werden (etwa als Kalender oder im Spind). Zur sexuellen Belästigung gehört auch, wenn im Zusammenhang mit sexuellen Handlungen berufliche Vorteile versprochen werden oder, im Falle einer Verweigerung, Nachteile angedroht werden. Während das AGG den Begriff „sexuelle Belästigung" verwendet, bietet es sich, an von „sexualisierter Belästigung" oder „sexistischer Diskriminierung" zu sprechen. Das bezieht Formen der Belästigung mit ein, die nicht mit Sexualität gleichzusetzen sind, aber dennoch in Form von ungewolltem Flirten, angeblichen „Komplimenten" oder „Missverständnissen" laut Liebscher (2014, S. 2) „gravierende persönliche und soziale Folgen haben und eine Form des Machtmissbrauchs darstellen".

Sexualisierte Belästigung beinhaltet eine Bandbreite von Verhaltensweisen. Wer sich bei der Arbeit belästigt fühlt, kann auf **Listen mit Verhaltensweisen** zurückgreifen, um diese zu benennen. Sie beinhalten beispielsweise (Fitzgerald et al. 1999) folgende Kategorien:

- **Sexistische Diskriminierung** (beleidigend, degradierend, verachtende Haltung): Wurden Sie aufgrund ihres Geschlechts anders (auch abwertend) behandelt? Materialien mit sexuellem Inhalt ausgehängt/verteilt; sexistische Anspielungen
- **Sexuelle Feindseligkeit** (offen diskriminierendes Verhalten): Witze mit sexuellem Inhalt, anzüglich ansprechen, nachpfeifen, anzügliche Gesten; anstößige Anmerkungen (über Aussehen, Körper), Versuch von Gesprächen über Sexualität; andere Person exponiert sich körperlich und macht Sie verlegen
- **Ungewollte sexuelle Aufmerksamkeit:** Versucht trotz Zurückweisung eine sexuelle Beziehung, fragt nach Dates; anstarren, angaffen, und Sie fühlen sich unwohl; versucht, Sie anzufassen, zu küssen oder mit Ihnen Sex zu haben gegen Ihren Willen
- **Sexueller Zwang** (in Bezug auf die Arbeit): Bietet Vorteile (Beförderung, Arbeitsbedingungen) gegen sexuelle Gefälligkeiten; droht Nachteile an bei Widerspruch gegen Sex; behandelt Sie schlecht, wenn Sie sich verweigern.

Diese Punkte aus dem obigen Beispiel fallen auch unter AGG § 3 Abs. 4. Wer solche Verhaltensweisen nicht einordnen kann oder zu zögerlich ist, ist blind für die rechtliche Dimension und die eigenen Rechte (Brunner und Dever 2014, S. 467).

Sexuelle Belästigung am Arbeitsplatz erkennen

Das BMFSFJ sagt, dass die meisten Menschen ein feines Gespür dafür haben, wann die Grenzen und die Würde eines Menschen verletzt sind. Das macht sexuelle Belästigung zu einem **bewussten und geplanten Verhalten,** und es sei keine Entschuldigung, wenn die handelnden Personen sich versuchen herauszureden („War ja nur ein Witz…", „Das sollte ein Kompliment sein…"). Das BMFSFJ zeigt auf, wie Betroffene sich straf- und zivilrechtlich wehren können. Die Initiative „Stärker als Gewalt" (https://

staerker-als-gewalt.de/gewalt-erkennen/sexuelle-belaestigung-am-arbeitsplatz-erkennen) will Arbeitgeber*innen und Führungspersonen darin bestärken, ihre Mitarbeiterinnen und Mitarbeiter vor Sexismus und sexueller Belästigung zu schützen. Das Ziel der Kampagne ist, Arbeitgeber und Beschäftigte zu befähigen, Sexismus und sexuelle Belästigung zu erkennen, sie zu ermutigen hinzusehen und zu zeigen, wie man dem wirksam entgegentreten kann.

Zwar ist weit bekannt, dass sexuelle Belästigung verboten ist, aber viele individuelle, im AGG garantierte Rechte liegen jedoch weithin für viele im Dunkeln. Nur 19 % der in einer Studie befragten Personen (SUZ 2015) wissen, dass Arbeitgeber*innen verpflichtet sind, die Beschäftigten zu schützen. Fast 46 % kennen keinerlei Maßnahmen, die das eigene Unternehmen oder die Dienststelle zum Schutz vor sexueller Belästigung ergriffen hätte, nur 29 % wissen von einer Ansprechperson am Arbeitsplatz.

Sexuelle Belästigung am Arbeitsplatz wird als Folge der männlichen Vorherrschaft in der Gesellschaft gesehen, als Teil von **Männlichkeitskonstruktionen** und Macht in einem von männlichen Normen geprägten Arbeitsumfeld (Fielden und Hunt 2014, S. 356). Männlichkeit als Status muss in einem wettbewerbsorientierten Umfeld, in dem ein Mann gegen andere gewinnen will, ständig behauptet und erneuert werden, dazu gehört auch, das Weibliche abzuwerten und andere Männer zu dominieren. Das passiert etwa durch ständiges Auf-den-Arm-nehmen (Rawski et al. 2022, S. 623). Belästigungen, von denen Männer betroffen sind, entpuppen sich häufig als Sanktionen „unmännlichen" Verhaltens und richten sich gegen schwule oder feminisierte Männer (Liebscher 2014, S. 3). Auch gegenüber Frauen geht es um **Machtausübung** und Kontrolle, wobei Frauen in eine untergeordnete Position im Rahmen weiblicher (und „respektabler" weißer) Heterosexualität zurückgewiesen werden (Brewis 2001). Wer besonders anfällig für sexuelle Belästigung in Organisationen ist: Personen mit wenig Macht und Status, gewöhnlich Frauen, jüngere Mitarbeitende mit zeitlich befristeten Verträgen, Auszubildende, Studierende, People of Colour, Frauen mit Behinderungen und Männer, die wenig finanzielle Mittel haben (Uggen und Blackstone 2004; Liebscher 2014).

Die Belästigungserfahrungen hängen auch ab vom Alter (gefährdeter, wenn jung), dem Bildungshintergrund (je höher, desto weniger), den allgemeinen Privilegien (einflussreiche Familie und Kontakte, niedriger), dem Familienstand (heteronormativ verheiratet, weniger), der sozialen Schicht (je niedriger, desto höher), der sexuellen Ausrichtung (homophobes Verhalten), ethnischen Zugehörigkeit (Sexualisierung von Women of Colour, Asiatinnen) und vom Tätigkeitsbereich und der Branche.

In Bezug auf die **Dienstleistungsbranche** etwa leisten Frauen „emotionale Arbeit", die geschlechtsstereotype Freundlichkeit, Lächeln und Körperlichkeit verlangt, und sich in eine Bandbreite von sexualisierter Arbeit einordnen lässt. Hier kann die Grenze verschwimmen, wenn etwa Freundlichkeit beim Service mit Flirten und gar Berührungen beantwortet wird (Brunner und Dever 2014, S. 466). Generell ist für viele Arbeitnehmer*innen Belästigung Teil ihres Berufs geworden. Das liegt an instabilen Arbeitsverhältnissen, zunehmendem Konkurrenzdruck für Freelancer und Projektarbeit und dem hohen Einfluss informeller Netzwerke auf Arbeitsverhältnisse (Hennekam und Bennett 2017).

Auch in der **Wissenschaft** mit zunehmend prekären Arbeitsverhältnissen und gewachsenen männlichen Machstrukturen werden deutlich stärker People of Colour, insbesondere Frauen und LGBTQIA*s mit Migrationsbiografie benachteiligt (Sahin 2019, S. 241–289). Hier werden Frauen auch gezielt sexualisiert, was beispielsweise die Wissenschaftlerin Jo Brewis (2005) erfahren hat. Sie untersuchte das Thema Sexualität und Management, und prompt wurde ihr als Frau von männlichen Wissenschaftlern unterstellt, sie sei mit ihrem Kollegen intim geworden und hätte doch „alles selber ausprobiert" (höhö, anzügliches Grinsen). Das war Unsinn, aber rufschädigend. Der männliche, weiße Kollege musste sich solche Unterstellungen nicht anhören. Solche Zuweisungen im Rahmen der heterosexuellen Matrix dienen auch dazu, Frauen in der Forschung die Legitimität abzusprechen und sie an den Rand zu drängen, um „rationalen Männern" die Führung zu überlassen (Brewis 2005, S. 499).

Machtparadox: Belästigung von weiblichen Vorgesetzten

Eine Machtposition am Arbeitsplatz vermindert das Risiko sexueller Belästigung nicht, sondern vergrößert sie paradoxerweise (McLaughlin et al. 2012). Obwohl nicht alle Studien dazu eindeutig sind, lässt sich dieses **Machtparadox** erklären, das vermehrt Frauen in Führungspositionen betrifft. Diese Frauen befinden sich in einem Umfeld mit mehr Männern und damit potenziellen Tätern, die Untergebenen schauen gebündelt auf sie und weitere meist männliche Vorgesetzte auch. Bei einer Frau alleine unter Männern tritt ein Übertragungseffekt von Geschlechterrollen ein (sex-role spillover): Das Geschlecht wird das hervorstechendste Merkmal, sie wird zuallererst als Frau und dann erst als Kollegin gesehen und dabei zwangsläufig sexualisiert (Gutek und Cohen 1987). Die Machtposition gepaart mit gewöhnlich nicht kuschendem Verhalten führt dazu, dass manche Männer sie gezielt in die Knie zwingen wollen (Folke et al. 2020, S. 189).

Fehlverhalten wird zudem begünstigt, wenn keine Konsequenzen zu erwarten sind. Es kamen Vermutungen auf, dass Frauen in Führungspositionen sich trotz ihrer Machtpositionen weniger wehren, da sie mehr zu verlieren haben und ihren Status und ihre Legitimität nicht infrage stellen wollen. In einer Studie wurde dies jedoch nicht bestätigt, vielmehr konfrontierte die Chefin die belästigende Person, meldete das Verhalten in der Organisation oder an jemanden Außenstehenden (Anwalt*in, Gewerkschaft) (Folke et al. 2020, S. 194).

Sexualisierte Belästigung ist stark abhängig von der **Unternehmenskultur.** Dieses Verhalten ist häufiger in Organisationen vertreten, in denen Männlichkeit stark propagiert wird und zentrale Stellen und Aufgaben männlich besetzt und männlich konnotiert sind. Zunächst ist die Perspektive der Akteur*innen davon beeinflusst, was im Unternehmen akzeptabel ist. In der Forschung werden soziologische Interaktionstheorien benutzt, um zwischen sexueller Belästigung (sexual harassment) und sozialem sexualisierten Verhalten (social sexual behavior) zu unterscheiden. Letzteres muss nicht zwangsläufig belästigend sein, sondern wird durch die Interaktion einer sozialen Gruppe am Arbeitsplatz ausgehandelt (Rawski et al. 2022).

> **Spaßhaftes sexualisiertes Verhalten am Arbeitsplatz**
>
> Am Arbeitsplatz werden sexualisierte Handlungen bisweilen spielerisch ausgeführt, wenn die Beteiligten „rumalbern" und ein bisschen flirten oder sich berühren, ohne dass diese Vorgänge als real verstanden werden. Sie führen nicht zu den Konsequenzen, die sexualisierte Aussagen üblicherweise haben (wollen), wenn sie ernst gemeint sind. Solche Interaktionen sind auch zeitlich begrenzt, tendenziell etwas überzeichnet und damit nicht ganz ernst zu nehmen sowie abgesetzt von der normalen Interaktion („Und jetzt alle zurück an die Arbeit!") (Rawski et al. 2022, S. 623). Die Unterscheidung zwischen Spiel und Ernst ist dabei aber oft heikel und nur maßgeblich, wenn sie wirklich von allen geteilt wird. Manche Täter täuschen auch Kolleg*innen, wenn sie im Büro eigentlich allgemeinhin akzeptiertes sexualisiertes Verhalten als Deckmantel für ihre überhaupt nicht spielerisch gemeinten Avancen vorschieben. Es kann auch sein, dass solche Personen sich der Toxizität des eingespielten Verhaltens überhaupt nicht bewusst sind. Ein guter Indikator, wer Täter ist und wer bloß Teilnehmer an der Interaktion ist, sind individuelle Reaktionen auf solche Situationen, etwa Verwirrung und Ärger anstelle von Bedauern und Schuldgefühlen (Rawski et al. 2022, S. 631). Individuen sind in der Unternehmenskultur gefangen, wenn sexuelle Belästigung kleingeredet wird und einzelne davon abgehalten werden, sich zu beschweren, weil das negative Auswirkungen auf die Arbeitsgruppe haben könnte.

Sexuelle Belästigung hat nicht nur Täter und Opfer, sondern auch immer **Unterstützende.** Hier sind sowohl Männer als auch Frauen Komplizen. Einerseits gibt es **mitschuldige Männer,** die männliche Dominanzspielchen, die sich gegen Frauen oder Schwächere richten, dulden und nicht thematisieren und von anderen Männern in ihrem Verhalten bestärkt werden („Alles gut, Kumpel!") und damit sogenannte homosoziale Kulturen am Leben erhalten (Wahl 2014). Frauen sind ebenso daran beteiligt, wenn sie heterosoziales Verhalten fördern, also sich an Männern orientieren, ihre Überlegenheit bestätigen und Geschlechterungleichheiten abtun, dabei etwa auch in sexualisiertes Geplänkel verfallen („hihi, klimper-klimper") (McDonald und Charlesworth 2016). Ebenso gelten jene als Unterstützer*innen, die bloß anwesend und dabei sind, also nicht Täter oder Opfer sind, aber **durch Nichtstun** sexuelle Belästigung normalisieren. Sie sehen die Täter als zu wichtig an, um sie zur Verantwortung zu ziehen und sehen die Opfer als die Schuldigen (Dougherty und Sorg 2020). Auch Frauen melden deshalb sexuelle Belästigung oft nicht, sie haben Angst vor Vergeltung. Organisationskulturen sind vielschichtig und man muss verschiedene Personen und Umstände im Auge haben.

Sexuelle Belästigung hat **Folgen,** sie beeinträchtigt die psychische Gesundheit, die Arbeitsproduktivität und vermindert das Gefühl, auf der Arbeit respektiert zu werden und dort überhaupt erwünscht zu sein. Sie begünstigt mentale und physische Gesundheitsstörungen, Irritation, Angst und Wut, Gefühle der Machtlosigkeit und Beschämung, ein erhöhtes Risiko des Suchtverhaltens, Depression und posttraumatische Belastungsstörungen. Das führt zu erhöhten Fehlzeiten, niedriger Arbeitszufriedenheit und Produktivität, beschädigten interpersonellen Arbeitsbeziehungen, gesunkener Wahrnehmung von Chancengleichheit und auch zum Ausscheiden aus dem Arbeitsleben (McDonald 2012).

Auf Ebene der Unternehmen werden **Maßnahmen auf drei Ebenen vorgeschlagen** (Fielden und Hunt 2014, S. 363). Man geht davon aus, dass sexualisierte Belästigung ein Teil der Unternehmenskultur ist. Dies sah man beispielsweise beim Fahrdienst-Vermittler Uber, der Abfindungen an Frauen zahlte, die eine „Kultur der sexuellen Belästigung und Vergeltung" erlebt haben, wobei Ingenieurinnen kündigten und nicht wirklich die Besten zurückblieben (Sonnemaker 2019):

- Prävention: ein grundlegendes Regelwerk mit Verhaltensrichtlinien und einer Null-Toleranz-Politik. Es wird geraten, bereits Verhalten am „weniger schlimmen" Ende des Spektrums zu besprechen, das in vielen Organisationen quasi den Rauch zum Feuer darstellt (William und Lebsock 2018).
- Reaktion: Workshops und Weiterbildung sowie ein geregeltes Beschwerdeverfahren
- Folgeaktivität: ein System der Krisenintervention mit Unterstützung und Beratung.

Der Trend geht weg von **stillen Abfindungen,** weil die Organisation sich dann nicht ändern und nicht daraus lernen kann. Geheimhaltungsvereinbarungen beenden die Diskussion und lassen den problematischen sozialen Interaktionsmechanismus intakt, anstatt ihn zu überarbeiten (Rawski et al. 2022, S. 631). Hier besteht das Risiko, dass solches Verhalten zunehmend als sexistische Diskriminierung erkannt wird und Vorwürfe sich in Unternehmen häufen. Es wird zunehmend gefeuert, die Mehrheit stellt sich gegen eine Minderheit toxischer Männlichkeit, die Frauen ungefragt belästigt (Williams und Lebsock 2018). Damit ist auch das Klischee der irrationalen, rachsüchtigen und wollüstigen Frau („Sie wollte es doch!") auf dem absteigenden Ast. Das ist auch die Stoßrichtung der deutschen Rechtsprechung: Das Verhalten soll nicht mehr als das Problem individueller triebhafter Fehltritte bagatellisiert werden, die es möglichst heimlich zu regeln gilt um den Ruf der Organisation nicht zu schaden. Diese Sicht hat Männer als „Opfer ihrer Triebe entschuldigt und Frauen als Verführerinnen beschuldigt" (Liebscher 2014, S. 4). Heute sieht man sexualisierte Belästigung als gesellschaftliches und strukturelles Problem.

Führung und Geschlecht sind sozial konstruiert und auch soziale Interaktionstheorie macht deutlich, dass Menschen an ihrem Arbeitsplatz gemeinsam erarbeiten können, was in Ordnung ist und was nicht. Hier entstehen auch Unsicherheiten. Einige Männer haben nach der #MeToo-Bewegung „Angst", Frauen als Mentor zu begleiten oder sich mit ihnen alleine zu treffen (Soklaridis et al. 2018). Wer als heterosexueller Mann bei Meetings mit Frauen aber die Türen offenlässt und bei Männern nicht, der gibt Frauen unter anderem weniger Zugang zu vertraulichen Informationen und benachteiligt sie (Williams und Lebsock 2018). Auch beim sozialen Zusammentreffen nach der Arbeit ist Umsicht geboten. Trinken ist Ausdruck von Männlichkeit, aber nicht sozial bewundert bei Frauen, die aber doch dabei sein wollen (Brunner und Dever 2014, S. 469). Zu später Stunde in Verbindung mit Alkohol kann das in diskriminierende Situationen und sexuelle Belästigung von Arbeitnehmerinnen umschlagen („Sie wollte es doch!") (Rasmussen 2005, S. 69–70).

Es ist an allen, ständig diese Themen zu verhandeln. **Männliche Verbündete** spielen hier die entscheidende Rolle („Sag was, wenn Du etwas siehst!"). Das gilt schon bei kleinen Dingen, wenn Komplimente in Ordnung sind, aber nicht sexualisierte. Männer können anmerken: „Ich finde sie nicht heiß, sie ist eine Kollegin, und sie möchte sicher als solche behandelt werden." Offenheit wird angeraten: „Ich fühle mich nicht wohl, wenn Sie das-und-das-sagen". Vor allem: Sexuelle Belästigung melden – Stillhalten ist passé. Von Führungspersonen wird erwartet, dass sie mit ihren Angestellten über das Thema sprechen, auch mit externer Hilfe evaluieren (beispielsweise als „Workplace Climate Survey") und auf dieser Basis weitere Schritte ergreifen.

In Unternehmen werden Pflichtworkshops beispielsweise zu „sexueller Belästigung" oft als eine Art Strafe wahrgenommen und verbleiben ohne Wirkung. Diese Workshops haben meist zum Ziel, Verhalten zu kontrollieren – während wirksame Programme die Teilnehmer*innen miteinbeziehen (Dobbin und Kalev 2016). In Bezug auf Gender, das nicht nur eine rationale Sache ist, sondern verkörpert und subjektiv und emotional wahrgenommen wird, scheint es viel versprechend, zusammenzukommen und gemeinsam zu erarbeiten, wie man miteinander umgehen möchte.

Deep Listening und Führung

Respekt und gegenseitige Anerkennung haben mit rationalem Verständnis zu tun, wenn es darum geht, Vorurteile zu reduzieren und Stereotype zu korrigieren. Ein solches Verständnis ist aber nicht nur eine Kopfsache, sondern auch sehr subjektiv und emotional, also kommt die Empathie ins Spiel. Es gibt für Führungskräfte das auf australische Ureinwohner zurückgehende Konzept des „Deep Listening". Dies beinhaltet, respektvoll zuzuhören und Verbundenheit mit anderen aufzubauen. Es ist ein Ansatz des Lernens und Arbeitens, der auf Gemeinschaft und Gegenseitigkeit basiert. Dazu gehört auch, in sich selbst hineinzuhören und die eigenen Reaktionen zu beobachten. Das Konzept wird auch auf Gender und Führung (Abdellatif et al. 2021) bezogen und auf alle möglichen Kombinationen: wenn Cismänner anderen Positionen zuhören, weiße Frauen Women of Colour zuhören und intersektionale Erfahrungen versuchen nachzuvollziehen, und so weiter. Hierbei geht es um Zuhören unter den Bedingungen der anderen Personen und nicht darum, jene auszufragen über Sachverhalte, die man selbst online recherchieren kann. Ein solcher Ansatz geht auch weg von Top-down-Führungsmodellen hin zu geteilter und gemeinschaftlicher Führung. Die komplexe Arbeitswelt verlangt Menschen, die voneinander und von Kulturen und Geschichten lernen.

Literatur

Abdellatif, A./Contu, A./Motta S./Pullen, A./Smolović Jones, N. (2021): Gender, Activism and Feminist Movements, Panel hosted by British Academy of Management Gender in Management Special Interest Group. Online. 5.11. https://www.bam.ac.uk/events-landing/ems-event-calendar/gender-activism-and-feminist-movements.html [10.1.2022]

Ahmed, S. (2006): Queer phenomenology: Orientations, objects, others, Durham.

Antidiskriminierungsstelle des Bundes (2017): Diskriminierung in Deutschland. Dritter Gemeinsamer Bericht der Antidiskriminierungsstelle des Bundes und der in ihrem Zuständigkeitsbereich betroffenen Beauftragten der Bundesregierung und des Deutschen Bundestages, Berlin

Atkinson, C./Beck, V./Brewis, J./Davies, A./Duberley, J. (2021): Menopause and the workplace: New directions in HRM research and HR practice. In: Human Resource Management Journal, Vol. 31, S. 49–64

Bell, E./Sinclair, A. (2016): Bodies, sexualities and women leaders in popular culture: From spectacle to metapicture. In: Gender in Management, Vol. 31, S. 322–338

Bell, E./Meriläinen, S./Taylor, S./Tienari, J. (2019): Time's up! Feminist theory and activism meets organization studies. In: Human Relations, Vol. 72, S. 4–22

Benard, S./Correll, S. J. (2010): Normative discrimination and the motherhood penalty. In: Gender & Society, Vol. 24, S. 616–646

Berger, J. (1972): Ways of Seeing, London

Biehl-Missal, B. (2015): 'I write like a painter': Feminine creation with arts-based methods in organizational research. In: Gender, Work & Organization, Vol. 22, S. 179–196

Biehl-Missal, B./Piwinger, M. (2009): Ein Bild für die Götter. Wie inszenieren sich die Vorstände … auf ihren Fotos im Geschäftsbericht. In: Harvard Business Manager, Vol. 31, S. 100–108

Bolsø, A./Mühleisen, W. (2018): Representations of women dressed for power. In: Bolsø, A./Svendsen, S./Sørensen, S. (Hrsg.): Bodies, Symbols and Organizational Practice. The Gendered Dynamics of Power, London, S. 12–33

Brewis, J. (2001): Foucault, politics and organizations: (Re)-constructing sexual harassment. In: Gender, Work & Organization, Vol. 8, S. 37–60

Brewis, J. (2005): Signing my life away? Researching sex and organization. In: Organization, Vol. 12, S. 493–510

Brewis, J./Linstead, S. (2004): Gender in Management. In: Linstead, S./Fulop, L./Lilley, S. (Hrsg.): Management and Organization: A Critical Text, New York, S. 74–92

Brooks, A./Huang, L./Kearney, S./Murray, F. (2014): Investors prefer entrepreneurial ventures pitched by attractive men. In: Proceedings of the National Academy of Sciences Vol. 111, S. 4427–4431

Brower, T. (2013): What's in the closet: Dress and appearance codes and lessons from sexual orientation. In: Equality, Diversity and Inclusion: An International Journal, Vol. 32, S. 491–502

Brunner, L./Dever, M. (2014): Work, bodies and boundaries: Talking sexual harassment in the new economy. In: Gender, Work & Organization, Vol. 21, S. 459–471

Butler, J. (1990): Gender Trouble: Feminism and the Subversion of Identity, London

Cassino, D./Besen-Cassino, Y. (2019): Race, threat and workplace sexual harassment: The dynamics of harassment in the United States, 1997–2016. Gender, Work & Organization, Vol. 26, S. 1221–1240.

Corrigall, E./Konrad, A. (2006): The relationship of job attribute preferences to employment, hours of paid work, and family responsibilities: An analysis comparing women and men. In: Sex Roles, Vol. 54, S. 95–111

Devine, R./Holmes, R./Wang, G. (2020): Do executives' aesthetic attributes matter to career and organizational outcomes? A critical review and theoretical integration. In: The Leadership Quarterly, 101478

Dobbin, F./Kalev, A. (2016): Why diversity programs fail. In: Harvard Business Review, Vol. 94, S. 14

Dougherty, D.S./Sorg, T.A. (2020): Sexual harassment, communication, and the bystander: Setting an applied agenda. In: O'Hair, D./O'Hair M. (Hrsg.) The Handbook of Applied Communication Research, New York, S. 653–673

Fielden, S./Hunt, C. (2014): Sexual harassment in the workplace. In: Kumra, S./Simpson, R./Burke, R. (Hrsg.): The Oxford Handbook of Gender in Organizations, Oxford, S. 353–370

Fitzgerald, L./Magley, V./Drasgow, F./Waldo, C. (1999): Measuring sexual harassment in the military: The sexual experiences questionnaire (SEQ–DoD). In: Military Psychology, Vol. 11, S. 243–263

Folke, O./Rickne, J./Tanaka, S./Tateishi, Y. (2020): Sexual harassment of women leaders. In: Daedalus, Vol. 149, S. 180–197

Gabbard, G. (1998): Vertigo: Female objectification, male desire, and object loss. In: Psychoanalytic Inquiry, Vol. 18, S. 161–167

Gatrell, C. (2013): Maternal body work: How women managers and professionals negotiate pregnancy and new motherhood at work. In: Human Relations, Vol. 66, S. 621–644

Gray, E. (2016): Accomplished woman Hillary Clinton gets nice haircut, all hell breaks loose. Breaking news: Woman consistently in public eye attends to her looks. In: Huffpost, 1.4. https://www.huffpost.com/entry/accomplished-woman-hillary-clintongets-nice-haircut-all-hell-breaks-lose_n_56fd51f1e4b0a06d580510fe [1.12.2019]

Gutek, B./Cohen, A. (1987): Sex ratios, sex role spillover, and sex at work: A comparison of men's and women's experiences. In: Human Relations, Vol. 40, S. 97–115

Harris, M. (1993): The evolution of human gender hierarchies: A trial formulation. In: Miller, B. (Hrsg.): Sex and Gender Hierarchies, New York, S. 57–79

Hassard, R./Holliday, R./Willmott, H. (Hrsg.) (2000): Body and Organization, London

Haynes, K. (2012): Body beautiful? Gender identity and the body in professional services firms. In: Gender Work & Organization, Vol. 19, S. 489–507

Hennekam, S./Bennett, D. (2017): Sexual harassment in the creative industries: Tolerance, culture and the need for change. In: Gender, Work & Organization, Vol. 24, S. 417–434

Henss, R. (1998): Gesicht und Persönlichkeitseindruck, Göttingen

Höpfl, H. (2008): Maternal organization. In: Barry, D./Hansen, H. (Hrsg.): The Sage Handbook of New Approaches in Management and Organization, London, 349–358

Höpfl, H./Matilal, S. (2007): "The lady vanishes": Some thoughts on women and leadership. In: Journal of Organizational Change Management, Vol. 20, S. 198–208

Huopalainen, A./Satama, S. (2019): Mothers and researchers in the making: Negotiating 'new' motherhood within the 'new' academia. In: Human Relations, Vol. 72, S. 98–121

Ibarra, H./Ely, R./Kolb, D. (2013): Women rising: The unseen barriers. Harvard Business Review, Vol. 91, S. 60–66

Kenny, K./Bell, E. (2011): Representing the successful managerial body. In: Jeanes, E./Knights, D./Yancey, M. (Hrsg.): Handbook of Gender, Work & Organization, Chichester, S. 163–176

Kocoglu, I./Mithani, M. A. (2019). Show me your partner and I'll let you know if you are a leader. In: Academy of Management Proceedings, Vol. 2019, S. 13175.

Kristeva, J. (1984): Powers of Horror: An Essay on Abjection, New York

Liebscher, D. (2014) Rechte kennen – Grenzen setzen: Aktiv gegen sexualisierte Belästigung, In: Rechtshandbuch für Frauen- und Gleichstellungsbeauftragte. hrsg. v. Berghan, S./Schultz, U. Loseblatts. Hamburg: Dashöfer. 4/3.4. S. 1–22.

Ludevig, D. (2016): Using embodied knowledge to unlock innovation, creativity, and intelligence in businesses. In: Organizational Aesthetics, Vol. 5, S. 147–161

Madsen, S. R./Scribner, R. T./Townsend, A. (2022): *Sexist Comments & Responses: Objectification* (Report No. 40), Utah Women & Leadership Project

Mavin S./Grandy, G. (2016): A theory of abject appearance: Women elite leaders' intra-gender 'management' of bodies and appearance. In: Human Relations, Vol. 69, S. 1095–1120

Mavin S./Grandy, G. (2019): Women leaders, self-body-care and corporate moderate feminism: An (im)perfect place for feminism. Gender, Work & Organization, Vol. 26, S. 1546–1561

McDonald, P. (2012): Workplace sexual harassment 30 years on: A review of the literature. International Journal of Management Reviews, Vol. 14, S. 1–17

McDonald, P./Charlesworth, S. (2016): Workplace sexual harassment at the margins. In: Work, Employment and Society, Vol. 30, S. 118–134.

McLaughlin, H./Uggen, C./Blackstone, A. (2012): Sexual harassment, workplace authority, and the paradox of power. In: American Sociological Review, Vol. 77, S. 625–647

McRobbie, A. (2015): Notes on the perfect. In: Australian Feminist Studies, Vol. 30, S. 3–20

Muhr, S./Sullivan, S. (2013): "None so queer as folk": Gendered expectations and transgressive bodies in leadership. In: Leadership, Vol. 9, S. 416–435

Mulvey, L. (1975): Visual pleasure and narrative cinema, In: Screen, Vol. 16, S. 6–18

Murray, S. (2008): The Fat Female Body, New York

Rabelo, V./Robotham, K./McCluney, C. (2021): Against a sharp white background – How black women experience the white gaze at work. In: Gender, Work & Organization, Vol. 28, S. 1840–1858

Rasmussen, B. (2005): Gut feeling, back-slapping – Gendered embodiment on the exchange. In: Morgan, D./Brandth, B./Kvande, E. (Hrsg.): Gender, Bodies and Work, Aldershot, S. 61–74

Rawski, S. L./O'Leary-Kelly, A. M./Breaux-Soignet, D. (2022). It's all fun and games until someone gets hurt: An interactional framing theory of work social sexual behavior. In: Academy of Management Review, Vol. 47, S. 617–636.

Rippin, A. (2015): Feminine writing: Text as dolls, drag and ventriloquism. In: Gender, Work & Organisation, Vol. 22, S. 112–128

Rumens, N. (2014): Masculinity and sexuality at work: Incorporating gay and bisexual men's perspectives. In: Kumra, S./Simpson, R./Burke, R. (Hrsg.): The Oxford Handbook of Gender in Organizations, Oxford, S. 460–479

Sahin, R. aka Dr Bitch Ray (2019): Yalla, Feminismus! Stuttgart

Sandberg, S. (2019): The HBR Interview. An Interview with Sheryl Sandberg by Adia Ignatuius. In: HBR's 10 Must Reads. On Women and Leadership, Boston

Sinclair, A. (1995): Sexuality in leadership. In: International Review of Women and Leadership, Vol. 1, S. 25–38

Sinclair, A. (2004): Journey Around Leadership. In: Discourse: Studies in the Cultural Politics of Education, Vol. 25, S. 7–19.

Sinclair, A. (2014): On knees, breasts and being fully human in leadership. In: Ladkin, D./Taylor, S. (Hrsg.): The Physicality of Leadership: Gesture, Entanglement, Taboo, Possibilities, Monographs in Leadership and Management, Bingley, S. 175–195

Soklaridis, S./Zahn, C./Kuper, A./Gillis, D./Taylor, V./Whitehead, C. (2018): Medicine and society men's fear of mentoring in the #metoo era – what's at stake for academic medicine? In: New England Journal of Medicine, Vol. 379, S. 2270–2274

Sonnemaker, T. (2019) Uber is paying $4.4 million to settle federal charges that workers experienced a ‚culture of sexual harassment and retaliation' Business Insider https://www.businessinsider.com/uber-to-pay-more-than-4-million-in-gender-discrimination-case-2019-12

Sozialwissenschaftliches Umfragezentrum GmbH Duisburg (SUZ) (2015): Sexuelle Belästigung am Arbeitsplatz – Vorkommen, Wissensstand und Umgangsstrategien. Antidiskriminierungsstelle des Bundes. https://www.antidiskriminierungsstelle.de/SharedDocs/downloads/DE/publikationen/Factsheets/factsheet_sexuelle_belaestigung_am_arbeitsplatz.pdf?__blob=publicationFile&v=3 [10.1.2022]

Standard Chartered/Financial Services Skills Commission (2021): Menopause in the Workplace: Impact on Women in Financial Services. https://av.sc.com/corp-en/content/docs/Menopause-in-the-Workplace-Impact-on-Women-in-Financial-Services.pdf [10.1.2022]

Strohmaier, B. (2008): Wieviel Dekolleté darf eine Kanzlerin zeigen? In: Die Welt, 14.4. https://amp.welt.de/jahresrueckblick-2008/april/article1899926/Wieviel-Dekollete-darf-eine-Kanzlerin-zeigen.html [10.1.2022]

SUZ Sozialwissenschaftliches Umfragezentrum GmbH Duisburg (2015): Sexuelle Belästigung am Arbeitsplatz – Vorkommen, Wissensstand und Umgangsstrategien. Antidiskriminierungsstelle des Bundes. https://www.antidiskriminierungsstelle.de/SharedDocs/downloads/DE/publikationen/Umfragen/handout_umfrage_sex_belaestigung_am_Arbeitsplatz_beschaeftigte.pdf?__blob=publicationFile&v=4

Swan, E. (2017): Postfeminist stylistics, work femininities and coaching: A multimodal study of a website. In: Gender, Work & Organization, Vol. 24, S. 274–296

Tannen, D. (1995): The power of talk: Who gets heard and why. In: Harvard Business Review, Vol. 73, S. 138–148

Turner, P./Norwood, K. (2013): Unbounded motherhood: Embodying a good working mother identity. In: Management Communication Quarterly, Vol. 27, S. 396–424

Uggen, C./Blackstone, A. (2004): Sexual harassment as a gendered expression of power. In: American Sociological Review, Vol. 69, S. 64–92.

von Rennenkampff, A./Kühnen, U./Sczesny, S. (2003): Die Attribution von Führungskompetenz in Abhängigkeit von geschlechtsstereotyper Kleidung. In: Pasero, U. (Hrsg.): Gender – from Costs to Benefits, Münster, S. 170–182

Wahl, A. (2014): Male managers challenging and reinforcing the male norm in management. In: Nordic Journal of Feminist and Gender Research, Vol. 22, S. 131–146.

Weibler, J. (2016): Frauen als Fremdkörper im Management. Eine schonungslose Analyse der Führungssituation von Frauen und eine machtvolle Empfehlung, Hemer

Williams, J./Lebsock, S. (2018): Now what? Social media has created a remarkable moment for women, but is this really the end of the harassment culture? In: Harvard Business Review, https://hbr.org/cover-story/2018/01/now-what [10.1.2022]

6

Sprache und Diskurs

6.1 Die Sprache über Führung

6.1.1 Männlicher Diskurs

Führung geschieht nicht nur *durch* die Sprache (Kommunikation), sondern auch *in* der Sprache. Wie wir sprechen, bestimmt auch, wie wir denken und was wir sein können. Sprache kann Vorstellungen eröffnen und auch einschränken. Der sogenannte **Diskurs** über Führung wird häufig dafür kritisiert, dass er Frauen, nicht-binären Menschen und queeren Personen keine Sprache gibt, in der sie über sich selbst sprechen können, ohne sich als minderwertig zu präsentieren (Höpfl 2000; Pullen 2018). Die Forschung hat sich mit der Frage beschäftigt, was Sprache in unserem Verständnis anrichtet und wie wir so sprechen können, dass alle mit ihren Möglichkeiten vorkommen.

© Der/die Autor(en), exklusiv lizenziert an Springer Fachmedien Wiesbaden GmbH, ein Teil von Springer Nature 2023
B. Biehl, *Gender und Leadership*, SDG – Forschung, Konzepte, Lösungsansätze zur Nachhaltigkeit, https://doi.org/10.1007/978-3-658-42540-1_6

Führung als männlicher Diskurs

Der Begriff Diskurs (Foucault 1979) beschreibt eine umfassende Vorstellung von der Wahrheit und Wirklichkeit, in der wir unseren Platz suchen. Dieser sprachlich produzierte Sinnzusammenhang ist nicht objektiv, sondern erzwingt bestimmte Vorstellungen, die wiederum bestimmte Machtstrukturen und Interessen gleichzeitig zur Grundlage haben und erzeugen. Was über Leadership geschrieben wird, ist ebenfalls ein Diskurs, der in dem Falle stark männlich geprägt ist (Billing und Alvesson 2014) und Frauen und nichtbinäre Menschen konsequent übersieht und an den Rand drängt (Pullen 2018; O'Shea 2019). Andere Aspekte, die in diesem Buch angesprochen wurden: Es wird in diesem Diskurs mehr *über* Frauen als *für* Frauen gesprochen (Bell und Sinclair 2022), das hauptsächlich dargestellte Führungsbild ist männlich und die Managementforschung stellt Führung und Organisation als neutral, rational und körperlos dar – wobei Führung verkörpert ist, subjektiv wahrgenommen wird und nicht immer rationalen Kriterien, sondern bisweilen ungerechten Mechanismen folgt. Darunter leiden dann diejenigen, die nicht als Führungspersonen gesehen werden, weil ihr Geschlecht, Körper, Stimme oder Verhalten auf Ablehnung trifft.

Auch Gender ist ein Diskurs. Geschlecht wird auch dadurch sozial geschaffen, dass über Frauen anders als über Männer gesprochen wird. Das zeigt sich etwa an der Kontroverse zur gendergerechten Sprache oder am Beispiel des neoliberalen Feminismus, der einen Diskurs schafft, der Frauen suggeriert, sie bräuchten sich nur mehr „reinhängen", um Erfolge zu erreichen.

Gendergerechte Sprache

Die gendergerechte Sprache, einschließlich des Gendersternchens, ist ein kontroverses Thema, das in eigenen Publikationen behandelt wird. Vonseiten der Linguistik wird argumentiert, dass die übliche männliche Form wie „der Chef", „der Mitarbeiter", „der Professor" nicht alle Menschen einschließt. Auch spart sich das Gehirn einen komplexen Umweg und man denkt tatsächlich nur an die männliche Person (Kotthof und Nübling 2018). Eine solche Sprache lässt generell Frauen in unserer mentalen Vorstellung verschwinden (Menegatti und Rubini 2017), auch wenn man eigentlich alle einschließen möchte. Wer „die Managerin", „der Manager", und „Manager*in" hört, hat unterschiedliche Bilder vor dem inneren Auge. Bisher ist unsere Sprache nicht gendergerecht (Vokabular,

Orthografie und Grammatik), sondern in Unternehmen und den Medien stark männlich geprägt. Die Forderung nach einer gendergerechten Sprache im Management beinhaltet, dass „Texte (und im Idealfall auch die mündliche Sprache) nach spezifischen Richtlinien bearbeitet werden [müssen], um Führungsfrauen konsequent in der Sprache sichtbar zu machen" (Burel 2020, S. 88). Die gendergerechte Sprache wird im deutschen Arbeitsumfeld **inkonsistent gehandhabt**, etwa in Geschäftsberichten der größten deutschen Unternehmen, bei E-Mail-Signaturen, Visitenkarten und sozialen Medien wie dem Business-Netzwerk LinkedIn mit Pronomenangabe (she/her; he/him; they/them, siehe https://nibi.space/pronomen). In der Unternehmenskommunikation wird zumindest ein **geschlechterbewusster Gebrauch** der Sprache angeraten (Ebert 2022).

6.1.2 Neoliberaler Feminismus

In die herrschenden Diskurse über Management ordnet sich auch der **neoliberale Feminismus** ein. Für viele Frauen bei der Arbeit gilt heute die Maxime: Hänge dich mehr rein, springe über deinen Schatten, besiege den inneren Schweinehund, nimm deine Karriere selbst in die Hand! Erreiche eine perfekte Balance von Karriere und Familie! Das las man auch im Weltbestseller *Lean In: Women, Work, and the Will to Lead* (deutsch: *Lean In: Frauen und der Wille zum Erfolg*) von Sheryl Sandberg (2013) (Co-Geschäftsführerin von Meta Platforms, vormals Facebook). Das Buch wird von der Forschung zu Gender in Leadership als neoliberales Manifest gelesen (Rottenberg 2018). Die Begriffe Balance, Zufriedenheit, Selbstverantwortung und „sich reinhängen" sind zum neuen feministischen Grundvokabular geworden und haben einstige Kernbegriffe wie Emanzipation, gleiche Rechte und soziale Gerechtigkeit ersetzt (McRobbie 2015).

Neoliberaler Feminismus gehört zu den **postfeministischen** Positionen, die sich als dritte Welle des Feminismus verstehen lassen (nach der grundsätzlichen Anerkennung der Rechte der Frau und dem Kampf um Selbstbestimmung). Hier wird argumentiert, dass Gleichberechtigung in vielen Bereichen bereits erreicht sei, Aktivismus also in „fortschrittlichen" Ländern nicht mehr notwendig sei. Weiblichkeit wird wieder mehr in Bezug auf körperliche Unterschiede verstanden (und weniger als sozial konstruiert), es geht um sexuelle Selbstbestimmung, Selbstdisziplin und die Arbeit am Selbst, in der Annahme, dass Individualismus und Empowerment zu Unabhängigkeit und Erfolg führen würden (Butler 2013).

Frauen, die diese Maxime vertreten, verkörpern ein neoliberales feministisches Idealbild: die weiße, attraktive, schlanke Mittelschicht-Frau, die „ausbalanciert" ihre Verantwortlichkeiten in der Arbeitswelt und die unbezahle reproduktive Arbeit als Mutter erfolgreich managen kann. In diese Kerbe schlagen auch Bücher von Ex-Präsidententochter Ivanka Trump *(Women Who Work: Rewriting the Rules for Success)* und US-Fernsehmoderatorin Megyn Kelly *(Settle for more)* und Business-Mogul Bethenny „Skinnygirl" Frankel (2021), die lange Zeit strukturelle Hindernisse übersehen hatte („Ich habe nie darüber nachgedacht, dass ich eine Frau war, ich war einfach nur ich selbst"). Den ehrgeizigen und berühmten Frauen auf der einen Seite steht auf der anderen Seite eine gesichtslose Masse an Frauen gegenüber, meist aus niedrigeren sozialen Schichten oder mit anderer Hautfarbe, die in „Jobs" und als Babysitterin, Leihmutter oder als Unterstützerin arbeiten. Derlei Ungleichheiten werden nicht als gesellschaftliches Problem gesehen, sondern als individuelles Versagen, an dem die Einzelnen selbst schuld seien (Rottenberg 2018, S. 55). Soziale Gerechtigkeit ist in diesem Denken kein Thema und der dort propagierte Erfolg ist nicht feministisch: Frauen arbeiten nur an der eigenen Perfektion in Konkurrenz mit anderen und unterstützen schlussendlich die bestehenden Machtverhältnisse und Interessen weniger einflussreicher Männer (Rottenberg 2018, S. 167). Die Managementforschung schlägt deshalb vor, nicht als **Einzelkämpferin** aufzutreten und den Aktivismus nutzloserweise nur auf sich selbst und nach innen zu richten (Besser aussehen! Diszipliniert sein!), sondern im Sinne von feministischen Grundpositionen **solidarisch füreinander** einzutreten und gemeinsam Veränderung für alle zu bewirken (Smolović et al. 2021). Es geht nicht um Lebenshilfe und Tipps der Erfolgsfrauen, sondern darum, die sozialen und gesellschaftlichen Umstände kritisch zu prüfen.

Dieser Diskurs kann Frauen auf dem Karrierepfad recht subtil beeinflussen. Frauen tendieren nach mehreren Rückschlägen dazu, sich selbst die Schuld am beruflichen Misserfolg zu geben. Sie sagen Dinge wie: „Du must eben härter arbeiten und mehr leisten als Frau, um befördert zu werden." (Fotaki und Harding 2018, S. 37). So eine Einschätzung spiegelt zunächst einmal eine Realität, die Frauen lange Zeit in der Arbeitswelt bemängelt haben, und zeigt die Sorge, als nicht gut genug anerkannt zu werden. Diese Sprache kann aber auch als internalisierte Hass-Sprache (Butler 1997) verstanden werden, die ihr sagt: Du als Frau bist minderwertig, und wenn Du aufsteigen willst, musst Du wirklich, wirklich harte Arbeit leisten. Sprache ist performativ, indem sie ein untergeordnetes oder abjektes Subjekt schafft, und die Sprecherin macht sich selbst dazu, indem sie anerkennt, dass sie mehr buckeln und ranklotzen muss. Sprache dringt in das Selbst ein und hinterlässt Verletzungen (Butler 1997, S. 142). Der nächste Schritt ist, die Fehler bei sich selbst zu suchen (nicht hart genug geschuftet), anstatt die Strukturen zu kritisieren, die Frauen und sexuelle Minderheiten diskriminieren, untergraben und ausschließen. Diese Haltung ist **nur scheinbar aktiv** („Ich hänge mich rein!"), aber in Realität eine **passive Opferhaltung**, da sie die Privilegien von anderen nicht angreift oder infrage stellt („Warum hat er nicht so viel geleistet wie ich und ist trotzdem befördert worden?"). Es ist also kein Weg nach vorne, Frauen zu ermutigen, sich nur mehr reinzuhängen, wenn andere dies nicht im selben Ausmaße tun müssen. Sie richten die Energie nach innen, wo sie verpufft, und versuchen nicht, das System zu ändern. Die benachteiligenden Strukturen und sexistischen Denkmuster bleiben damit nach wie vor bestehen, für sie selbst und für alle anderen.

Ein besserer Weg ist eine andere Sprache, die **neue Normen etabliert,** was „eine Frau zu sein" in der Arbeitswelt bedeutet. So werden Sprachmuster erweitert und verändert. Dazu gehört die Frage, welche Sicht auf die Welt legitim ist und ob ich sie annehmen möchte. Wer kann ich werden in einer Welt, in der die Sprache bereits sagt, was ich tun kann und muss?

6.2 Die Sprache der Führung

6.2.1 Sprachbilder und Klischees

Kommunikation ist zentral für die Führungsrolle. Führungspersonen müssen kommunizieren, sowohl intern als auch nach außen. Im Folgenden werden aus dem großen Bereich der Führungskommunikation einige Aspekte der Sprache herausgegriffen, die die Managementforschung in Bezug auf das Thema Gender beleuchtet hat.

Zwar setzt Management vermeintlich auf „harte" Fakten, „stringente" Methodik und „klare" Ergebnisse, wobei gerne so getan wird, als seien Organisation und Führung rational, neutral und ohne Körper (Phillips et al. 2014). Allerdings wurde untersucht, wie emotional und bildhaft es doch in der Sprache zugeht – wobei dieser Diskurs bestimmte Menschen ausschließt.

So produzieren beispielsweise bestimmte **Sprachbilder** ein männliches Bild von Führung. In der Rhetorik von Topmanagern werden häufig Metaphern benutzt, die nicht neutral oder objektiv sind, sondern zur emotionalen Kommunikation gehören und damit auch immer ein „Bild" von der Sprecherperson und damit von Führung entstehen lassen. Hier werden traditionell maskuline Geschlechterklischees (think leader, think male) bedient. Nicht jede*r kann oder will sich dort einordnen.

In der Rhetorik von Topmanagern lassen sich Sprachbilder aus den folgenden Bereichen finden: Kriegsführung, Mechanik, Sport, Luftfahrt, Architektur und Landwirtschaft (Biehl 2007). Dies ist bisweilen organisationsspezifisch gewählt: Autobosse halten „das Tempo hoch", Adidas hat die „Hürde übersprungen". In allen Branchen gibt es Chefs, die die vielbeschworenen Management-Werkzeuge wie den „Ertragshebel" einsetzen. Mit **Kriegsmetaphern** werden „Kostenoffensiven gefahren" und „Marktpositionen verteidigt", wobei man sich das „Pulver trocken hält", und vor allem tatkräftig, angriffslustig und heroisch herüberkommt. Das maskuline, heteronormative Führungsmodell gipfelte bei Jürgen Schrempp (Daimler), der die Fusion mit Chrysler in die Wege leitete, in folgender Aussage: „Die Braut ist schön und der Bräutigam extremst potent!" (Biehl 2006, S. 18–21).

Was bedeutet das für Frauen? Soll sie nur als ein männliches Klischee auftauchen und sich selbst entfremdet bleiben (Höpfl 2007)? Auch hier ist es keine tragfähige Strategie, sich vermeintlich anzupassen und „männlicher" aufzutreten, denn im maskulinen Diskurs („Angriff!") bleiben die meisten zwangsläufig außen vor. Diese Rhetorik ist für Frauen nicht wirkungsvoll zu adaptieren, weil das sogenannte äußere Aptum, die äußere Angemessenheit in der antiken Rhetorik, eben nicht passt (think leader, think male) und die Diskrepanz zu groß ist. Auch fühlt sich nicht jeder Mann mit dieser Sprache wohl.

Zwar haben sich die Zeiten geändert und Kriegsbilder sind auch aufgrund der Weltlage weniger akzeptabel, aber die Forschung stellt dennoch eine allgegenwärtige Präsenz männlicher **Geschlechtsteile** in der Management-Sprache fest. Sprache in Organisationen drückt häufig eine „penisbesessene und machthungrige Männlichkeit" aus (Linstead und Maréchal 2015). Im Deutschen würden erstens Ausdrücke darunter fallen wie „seinen Mann stehen", oder gar phallische Bilder wie „Pimmelkarate". Auch erhalten Teile der männlichen Genitalien wie die Testikel bildhaft Präsenz, etwa wenn es darum geht, „Eier zu haben" (cojones!), wenn das „Testosteron im Raum" hochkocht und der Mann „hart bleiben" muss, um „Stoßrichtungen vorzugeben". Versager sind „Weichflöten" oder „eierlos". Das Echo in der Populärkultur ist etwa das berühmte Diktum des strauchelnden Bürochefs Bernd Stromberg in der gleichnamigen TV-Serie: „Chef sein, heißt Eier haben!" In Bezug auf die heutige Arbeitswelt empfehlen Linstead und Maréchal (2015) eher eine fluide Ausdrucksweise: Wenn neues Wissen und Beziehungen entstehen sollen, dann benötigt Führung Zutrauen anstelle von Kontrolle, sie verteilt Ideen, lässt sie relativ autonom wachsen, ohne sie steuern und beschneiden zu wollen.

Diese Sprache bei der Arbeit drückt auch häufig gesellschaftlich verankerte Frauenfeindlichkeit aus. Abwertungen bestimmen, wie Frauen gesehen werden. Dazu gehörten **sexistische Bezeichnungen** wie „Mannweib", „Drachen", „Haare auf den Zähnen" und „Bitch". Dazu gehört auch die **Sexualisierung von Frauen** („Die müsste doch mal wieder richtig …").

Wie spreche oder schreibe ich nun als maskuliner Typ, der das nicht gut findet, als Frau oder als nicht-binäre Person, wenn ich mich

Abb. 6.1 Die herrschende Führungsdiskurs gibt vielen Menschen keinen Raum. Der Schlüssel zur Veränderung liegt in der Sprache. Screenshot aus dem Video „Sprache und Führung" von Katerina Schönfeld und Brigitte Biehl (Biehl und Schönfeld 2023). (Interpretation und Dokumentation der Produktion: https://doi.org/10.1111/gwao.12999, Quelle: https://video.fernuni-hagen.de/Play/4077)

in diesen Ausdrücken nicht wiederfinde? An der Sprache beständig zu arbeiten, eine **Sprache für alle** zu schaffen, in der sie über sich selbst sprechen können, ist eines der Ziele von solidarischen Bewegungen (s. Abb. 6.1) und auch ein Anliegen der feministischen Management-forschung (Fotaki und Harding 2018, S. 32). Eine andere Form von Führung, etwa eine beziehungsorientierte und anpassungsfähige Männlichkeit in der Führung, ist auch eine Sache von Sprache: Wir müssen erkennen, was eine von Klischees dominierte Sprache in unserem Verständnis anrichtet und wie wir lernen, anders zu sprechen.

Ein Weg hin zur Veränderung beinhaltet, Zuschreibungen und Begriffe **nicht unreflektiert zu übernehmen** und damit den frauen-feindlichen Diskurs zu verstärken („Die Kollegin, die hat doch sicher was mit dem Kollegen!" – „Ich arbeite nicht gern mit anderen Frauen zusammen, die zicken sich immer so an."). Dazu gehört auch, sich die Begriffe **wieder anzueignen und umzudefinieren.** So sagte US-Komödiantin Tina „Bossypants" Fey: „Bitches get stuff done!".

Auch wurden in der Praxis neue Begriffe geschaffen, um Machtverhältnisse zu enthüllen, auch im Büro. Dazu gehören **Neologismen,** die auf Mikro-Aggressionen aufmerksam machen: „mansplaining" (Mann erklärt Frauen ungefragt und anmaßend Dinge, die er nicht besser weiß), „slutshaming" (wenn meist Frauen beleidigt werden, die ihre Sexualität anders ausdrücken als es eine Mehrheit in der Gesellschaft für richtig erachtet), und „victim blaming" (wenn Opfer für sexualisierte Übergriffe verantwortlich gemacht werden, weil sie „zu aufreizend" oder „unvorsichtig" waren und das Problem nicht beim Täter gesucht wird, der der anderen Person etwas angetan hat).

Wer darf sprechen, wer wird gehört

Nicht alle, die sprechen, werden auch gehört. Das kennen wir aus eigener Erfahrung. Frauen kommen anders an, aber das liegt nicht daran, dass sie weniger zu sagen hätten. Eine soziolinguistische Perspektive erklärt, dass Frauen aufgrund ihrer Sprache unsicher *wirken* (Tannen 1995). Das beginnt früh im Leben, wenn Geschlecht sozial konstruiert wird und Mädchen schon von klein auf eine andere Art zu sprechen vermittelt wird als Jungen. Frauen haben bewusst und unbewusst einstudiert, dass es akzeptabler ist, indirekt und gemeinschaftsorientiert zu sprechen, Beziehungen anstelle von Hierarchien hervorzuheben. Jungen hingegen werden ermutigt, über sich, ihren Status und ihre Erfolge zu sprechen. Sprachmuster haben Konsequenzen: Wer nun eher „wir" anstelle von „ich" sagt, bekommt Erfolge nicht persönlich zugeschrieben. Wer indirekt spricht („Wir haben viel Energie eingesetzt") und sich entschuldigt („Es tut mir leid, aber …") wirkt schwach, als fehle Durchsetzungsfähigkeit und klares Denken. Relevant ist auch, zu wem in der Hierarchie die Frau spricht. Wer nicht mit anderen spricht, wird auch weniger gehört. Auch hier ist alles im Fluss: Nicht nur die Führungsperson, sondern alle zusammen bestimmen, was akzeptabel ist. Beispiele: ins Wort fallen, nicht ausreden lassen, nur die männliche Form verwenden, Penis-Metaphern, Misgendern, Formen von Hate-Speech.

Hass-Sprache

Hass-Sprache bezeichnet sprachliche Ausdrucksweisen mit dem Ziel der Herabsetzung bestimmter Personen oder Personengruppen. Im deutschsprachigen Raum fallen darunter Volksverhetzung, Anti-LGBT-Rhetorik (Homosexualität als Krankheit oder als selbstgewählter Lebensstil) mit transphobischer Sprache und abwertenden Bezeichnungen für sexuell und ethnisch definierte Gruppen. Auch das Misgendern kann dazu zählen, also das absichtliche Benutzen von Pronomen, die die bezeichnete Person nicht für sich wählen würde. Hass-Rede kann auch in subtiler Form auftreten und von den Menschen unreflektiert übernommen und reproduziert werden: „Ich muss extra hart arbeiten um aufzusteigen… (denn ich bin weniger wert)."

6.2.2 Führung und Vision

Was Führungspersonen allgemeinhin von normalen Vorgesetzten unterscheidet, ist die Vision. Wer keine Vision hat, wird weniger als Leader und eher als Manager*in wahrgenommen. Die „Vision" wird verstanden als die Fähigkeit, neue Möglichkeiten und Trends zu erkennen und in eine strategische Richtung für das Unternehmen umzusetzen. Ausgerechnet hier haben Frauen in einer Untersuchung von Ibarra und Obodaru (2009) schlechter abgeschnitten als Männer. Gerade männliche Kollegen bewerteten Frauen in Bezug auf die Vision schlecht, Ranghöhere tendenziell schlechter, Untergebene jedoch besser.

Hier hilft ein Blick auf das Global Executive Leadership Inventory (GELI), das verschiedene Dimensionen von Führung bestimmen möchte (Kets de Vries et al. 2002). Mittels dieses 360°-Feedback-Instruments werden Fragen zu 12 Dimensionen gestellt: Visionäres Denken (envisioning), befähigen (empowering), motivieren (energizing), strukturieren und einordnen (designing and aligning), belohnen und Feedback geben (rewarding and giving feedback), Teamaufbau (team building), Blick nach draußen (outside stakeholder orientation), globale Haltung (global mindset), Beharrlichkeit (tenacity), emotionale Intelligenz (emotional intelligence), Ausgeglichenheit im Leben (life balance), Resilienz (resilience to stress).

Während in den anderen GELI-Dimensionen Frauen besser bewertet wurden als Männer (mit Ausnahme von Ausgeglichenheit und Resilienz, die für Außenstehende vage sind und nicht abgefragt wurden), schnitten sie bei der Vision nicht gut ab. Woran kann das liegen? Einige der Frauen lehnen die offensichtliche Inszenierung und Rhetorik ab, die beim „Visionären" dazugehört. Anderen fehlt das Selbstbewusstsein, ihre Ideen für die Zukunft, die immer unsicher ist, umfassend zu verkünden. Das ist auch damit verbunden, dass gerade den Frauen gewöhnlich weniger Kompetenz zugeschrieben wird, also ist der Zweifel an der Fähigkeit zum visionären Denken auch größer. Frauen entwickeln ihre Visionen eher im Team und konzentrieren sich auf die eigentliche Umsetzung und nicht auf die Kommunikation der Vision – womit diese dann nicht als solche gewürdigt wird.

> **Wichtig**
> Wie sich visionäre Fähigkeiten besser umsetzen lassen
> 1. Möglichkeiten und Bedrohungen in der Umwelt wahrnehmen: Komplexe Situationen runterbrechen, ein verlässliches externes Netzwerk nutzen für eine verbesserte Wahrnehmung.
> 2. Strategische Richtung: Neue Geschäftsideen und Ideen für neue Strategien entwickeln mit Blick auf das große Ganze.
> 3. Andere inspirieren: Den Status Quo infrage stellen; andere ermutigen, weiterzudenken und Dinge anders zu tun; überzeugend bessere Möglichkeiten kommunizieren. Rollenmodelle finden, mit einem Coach arbeiten, regelmäßig Versuchsballons der Vision steigen lassen („get the word out"). An sich selbst glauben und an eine bessere Zukunft für die Organisation (Ibarra und Obodaru 2009, S. 69).

6.2.3 Ehrgeiz zeigen

Wie wir über uns sprechen, bestimmt auch, wie wir wahrgenommen werden. Wenn man sich erfolgreiche Frauen in den Medien anhört, könnte man meinen, sie hätten nichts tun müssen. Aus unzähligen Medienberichten hören wir, wie erfolgreiche Frauen Phrasen wiederholen wie: „Ich habe Glück gehabt", „es war gutes Timing", „die Arbeit macht einfach Spaß".

Studien haben gezeigt, dass Frauen nicht weniger ehrgeizig sind als Männer, also dass sie ihre Fähigkeiten entwickeln und dafür Anerkennung bekommen wollen (Fels 2004). Frauen werden aber oft anders wahrgenommen (als nicht ehrgeizig) und verhalten sich auch „nicht ehrgeizig", wenn es darum geht, Ziele zu setzen und darauf hinzuarbeiten. Dies ist auch eine Sache der Sprache.

In Einklang mit herrschenden Geschlechtsstereotypen verzichten Frauen zunächst darauf, ehrgeizig aufzutreten. Das impliziert gerade bei Frauen Egoismus, Selbstbezogenheit oder die Manipulation von anderen zur Zielerreichung und passt nicht zur **sozialen Rollenerwartung,** die bei der Frau lautet: geben, helfen, zurückstecken. Unzählige kleine Situationen in ihrer Sozialisation haben Frauen vermittelt, dass sie selbst nicht die erste Geige spielen, sondern ihre Aufmerksamkeit anderen geben sollen – besonders, wenn Männer dabei sind. Frauen konkurrieren hart mit anderen Frauen (etwa im Sport) oder zeigen großen Ehrgeiz, wenn er nicht im Wettbewerb zu einem männlichen Part steht, sondern ihn ergänzt (etwa eine weibliche Schauspielrolle, Sängerin in einer Band). Sie fallen aber in Geschlechterstereotype zurück, wenn sie direkt mit Männern konkurrieren.

Die **Anerkennung** bei Erfolgen ist aber eine Grundlage für das berufliche Fortkommen. Frauen erhalten im Verlauf ihres (Arbeits-) Lebens aufgrund der gesellschaftlichen Erwartungen und ihres bewusst oder unbewusst erlernten Verhaltens weniger Anerkennung für herausragende Leistungen, was dann dazu führt, dass diese Tätigkeiten nicht weiter perfektioniert werden. Die eigene innere Freude reicht langfristig nicht als Motivation oder Ermutigung zum Weiterarbeiten. Fehlt die externe Anerkennung, schlägt sich das auch auf den Selbstwert nieder, denn Anerkennung ist ein emotionales Bedürfnis auch für Erwachsene. Wird dies übermäßig, sprechen wir von narzisstischen Personen, die ständig Nahrung brauchen. Frauen reüssieren oft als exzellente Team-Player, was sowohl feminine Seiten als auch harte Arbeit anerkennt. Konflikte tauchen auf, wenn der Wettbewerb zunimmt oder wenn Familie und Privatleben ins Spiel kommen.

Wie Frauen Ehrgeiz zeigen und Anerkennung erhalten können
- **Nicht hoffen,** dass das Glück mich ohne eigenes Zutun findet und damit alles gut wird (Arbeit, Familie, Beziehung, Zuhause).

- Eigene Werte und **Prioritäten** definieren, auch wenn es Gegenwind gibt, denn den gibt es immer.
- **Unterstützung** heranholen für Pflichten (etwa Kinderbetreuung), sodass Ehrgeiz erfüllend sein kann.
- „**Sphären** der Anerkennung" identifizieren, überprüfen und gezielt entwickeln. Hier soll es im Sinne des beruflichen Fortkommens um Talent, Fähigkeiten und Arbeit gehen, nicht um Aussehen, sexuelle Verfügbarkeit oder Unterwürfigkeit.
- **Selbstpromoten**: Qualität bei der Arbeit ist gut, aber nicht das einzige Ziel. Sie soll auch anerkannt werden. Wenn andere sie nicht wahrnehmen, wird es nichts mit dem beruflichen Vorankommen.
- **Never too late**: Der Zug ist nie abgefahren, man kann immer noch anfangen. Mentor*innen, Möglichkeiten zur Weiterentwicklung, Beförderungen, bewundernde Kolleg*innen und das Umfeld bestimmen, wie wir mit Ehrgeiz umgehen – und es ändert sich ständig (Fels 2004).

6.2.4 Cyber-Mobbing

Es gibt in Organisationen Mechanismen, die Frauen und andere in Führungspositionen marginalisierte Gruppen an den Rand drängen. Das folgende Beispiel zeigt, wie diese Ausschlussmechanismen in Form von Cyber-Mobbing funktionieren, denn sie folgen immer ähnlichen Regeln. Hier erscheint die **gläserne Decke** in Form einer „unsichtbaren sexistischen **Cyber-Decke**", die privilegierte Männer schützt (Mandalaki und Pérezts 2023, S. 172). Es werden anschließend Handlungsmöglichkeiten für die Betroffenen dargestellt.

Mobbing ist überaus lebendig, sowohl online als auch offline. Es beinhaltet, öffentlich Hass, Sexismus und Bedrohungen zu verbreiten, sich über andere lustig zu machen und sie zu beleidigen, mit dem Ergebnis, ein Klima der Angst und Unterdrückung zu schaffen (Cassidy et al. 2017). Das Ziel sind hier oft Frauen sowie sexuelle Minderheiten, deren berufliches Fortkommen erschwert wird. Bevorzugt werden diejenigen angegriffen, die Themen wie Geschlechtergerechtigkeit, Feminismus, Migration und post-kolonialistische Perspektiven ansprechen (Lampman 2012) und damit die Privilegien anderer infrage stellen.

Das folgende Beispiel geht auf den Artikel der beiden Wissenschaftlerinnen Emmanouela Mandalaki und Mar Pérezts (2023) zurück und auf reale Vorkommnisse auf den sozialen Netzwerken Twitter und LinkedIn. Die beiden mussten völlig unerwartet eines Tages über sich online lesen, dass ihre Forschung Bullshit sei, Verarschung und Verschwendung von Steuergeldern. Ein etablierter Professor einer bekannten dänischen Wirtschaftshochschule hatte sich auf sozialen Medien über ihre neueste Veröffentlichung mit dem Titel „It Takes Two to Tango" über Körperlichkeit und feministische Theorie in der Managementforschung (Mandalaki und Pérezts 2022) in der angesehenen Fachzeitschrift *Organization* lustig gemacht: „Apparently, an editor and three reviewers found this stuff sufficiently interesting to warrant publication". Die Häme ließ kaum auf sich warten, vorranging weiße, männliche Kollegen stimmten ein und machten „dieses Zeug" nieder: "The only plausible explanation is that this paper should have been published tomorrow as an April Fools' joke".

Das Muster folgte bekannten **Ausschlussregeln:** Zunächst werten die Täter kritische Sichtweisen ab, die ihre Privilegien angreifen („das Zeug"). Dann werden die Urheberinnen pauschal als „die anderen" dargestellt und degradiert, da sie nicht sachgerecht arbeiteten. Damit werden sie in eine Schmuddelecke gestellt, da sie den „sauberen" Status der Etablierten beschmutzten. Wird der Mobbende auf seine Verfehlung angesprochen, gibt er sich ahnungslos oder zynisch und normalisiert die Aggression, um Zuschauende mundtot zu machen. Angesprochen auf Frauenfeindlichkeit fragte der Professor dann zurück: „Where is the misogyny or sexism here? Are women immune from criticism?" Die Verantwortung wird umgekehrt und das Opfer soll dann den Täter belehren und erziehen. Beispielsweise müssten Betroffenen dann ausführen: „Es ist problematisch, wenn Sie sich als etablierter, weißer Professor über jüngere Wissenschaftlerinnen, die aus weniger gut situierten südlichen Ländern eingewandert sind, lustig machen, obwohl Sie sich mit dem Publikationsthema gar nicht auskennen, und uns dann noch die Verantwortung übertragen, Ihnen zu erklären, dass das nicht in Ordnung ist." Das lässt sich als Ausschlussmechanismus (Abjektion) und typische patriarchale Macht- und Unterdrückungsstrategie sehen (Pullen und Rhodes 2008).

In diesem Fall lehnten die Autorinnen die sozial erlernte Haltung als junge Frauen ab (ducken, ignorieren, warten, bis er aufhört, gar das Forschungsthema ändern) (Mandalaki und Pérezts 2023, S. 170), denn Stillsein ist nie ein verlässlicher Schutz. Sie wollen nicht Opfer sein, sondern stellen das sexistische Mobbing bloß, um ihren Platz in der wissenschaftlichen Gemeinschaft zu behaupten. Dieses Beispiel drückt auch wieder einige der dargestellten zentralen Ideen der Forschung zu Gender und Leadership aus: Unterstützung ranholen, Ungleichheiten thematisierten, Gender zu Thema machen, institutionell agieren, gemeinsam auftreten und Dinge verändern.

Drei Schritte gegen Cyber-Bullying

1. **Solidarität/Gemeinsam sind wir stark:** Im dargestellten Fall wurden diese Kommentare von vielen Usern gemeldet, dann von LinkedIn gelöscht, es wurde geantwortet und widersprochen. Die große Solidarität der wissenschaftlichen Community erstreckte sich auch auf Herausgeber*innen etablierter Managementzeitschriften, die auf Social Media und über andere Medien das sexistische Mobbing verurteilten. Allison Pullen, Herausgeberin der renommierten Fachzeitschrift *Gender, Work & Organization* schrieb an die Leitung der Hochschule des Professors.

2. **Ethisch und beziehungsorientiert denken:** Obwohl die Autorinnen die Attacken verurteilen, haben sie die Namen der mobbenden Männer öffentlich nicht noch einmal genannt, um nicht in dieselbe Position zu geraten und zugunsten eines Schlagabtausches einen Dialog in der Zukunft zu verbauen. Sie wollten lieber das Ruder selbst übernehmen und ihre Energie in weitere Publikationen stecken und hielten eine formale schriftliche Meldung an die andere Hochschule für angemessen.

3. **Aufforderung zur Solidarität:** Alle sollten kollektive Verantwortung anerkennen und sich für einen kollegialen, respektvollen Umgang einsetzen und gegen Hass, Intoleranz und Sexismus, online und offline. Nicht zu handeln, bedeutet dulden. Dazu müssten präventive Maßnahmen gegen Sexismus vonseiten der Organisationen gehören, auf die ein solches Verhalten auch zurückfällt. Mitarbeitende sollen sich auf ihren berufsbezogenen Social-Media-Kanälen entsprechend verhalten und dafür auch zur Verantwortung gezogen werden (Mandalaki und Pérezts 2023).

Literatur

Bell, E./ Sinclair, A. (2022): Beware the glass cliff! Disaster metaphors and the precarity of leadership. Vortag bei: 38. EGOS (European Group for Organizational Studies) Colloquium: 2022 The Beauty of Imperfection, Wirtschaftsuniversität Wien, 7.7

Biehl, B. (2006): Rhetorik der Top-Manager. Einsatz und Wirkung von bildhafter Sprache bei Auftritten vor Aktionären, Journalisten und Analysten. In: Kommunikationsmanagement (Losebl. Neuwied 2001 ff., Hrsg. v. Bentele, G./Piwinger, M./ Schönborn, G.), 1.30, S. 1–32

Biehl, B. (2007): Business is Showbusiness. Wie Topmanager sich vor Publikum inszenieren, Frankfurt

Biehl, B./Schönfeld, K. (2023): Writing differently with film: An animated video on gender, language and leadership. In: Gender, Work & Organization, Vol. 30, 1611–1630.

Billing, Y./Alvesson, M. (2014): Leadership: A matter of gender? In: Kumra, S./Simpson, R./Burke, R. (Hrsg.): The Oxford Handbook of Gender in Organizations, New York, S. 200–222

Burel, S. (2020): Quick Guide Female Leadership: Frauen in Führungspositionen in der Arbeitswelt 4.0, Wiesbaden

Butler, J. (1997): Excitable Speech: A Politics of the Performative, New York

Butler, J. (2013): For white girls only? Postfeminism and the politics of inclusion. In: Feminist Formations, Vol. 25, S. 35–58

Cassidy, W./Faucher, C./Jackson, M. (2017): Adversity in university: Cyberbullying and its impacts on students, faculty and administrators. In: International Journal of Environmental Research and Public Health, Vol. 14, S. 888

Ebert, H. (2022) Sprache, Gender und Geschlecht Zur Rolle geschlechtersensibler Sprache in der Unternehmenskommunikation. In: Kommunikationsmanagement (Losebl. Neuwied 2001 ff., Hrsg. v. Bentele, G./Piwinger, M./ Schönborn, G.), 5.133, S. 1–54

Fels, A. (2004): Do women lack ambition? In: Harvard Business Review, Vol. 82, S.50–56

Fotaki, M./Harding, N. (2018): Gender and the organization. Women at work in the 21st century, New York

Foucault, M. (1979): The History of Sexuality, Vol. 1: An Introduction, London

Frankel, B. (2021): Bethenny Frankel doesn't want to be your girlboss (von D. Trainor), In: Interview 12.5. https://www.interviewmagazine.com/culture/ bethenny-frankel-big-shot [10.1.2022]

Höpfl, H. (2000): The suffering mother and the miserable son: Organizing women and organizing women's writing. In: Gender, Work & Organization, Vol. 7, S. 98–105

Höpfl, H. (2007): The codex, the codicil and the codpiece: Some thoughts on diminution and elaboration in identity formation. In: Gender, Work & Organization, Vol. 14, S. 619–632

Ibarra, H./Obodaru, O. (2009): Women and the vision thing. Harvard Business Review, Vol. 87, S. 62–70

Kets de Vries, M./Florent-Treacy, E./Vrignaud, P. (2002): The global leadership inventory: Development and psychometric properties of a 360-degree feedback instrument, Working Paper, Fontainebleau: INSEAD

Kotthoff, H./Nübling, D. (2018): Genderlinguistik. Eine Einführung in Sprache, Gespräch und Geschlecht, Tübingen

Lampman, C. (2012): Women faculty at risk: U.S. professors report on their experiences with student incivility, bullying, aggression, and sexual attention. In: NASPA Journal About Women in Higher Education, Vol. 5, S. 184–208

Linstead, S./Maréchal, G. (2015): Re-reading masculine organization: Phallic, testicular and seminal metaphors. In: Human Relations, Vol. 68, S. 1461–1489

Mandalaki, E./Pérezts, M. (2022): It takes two to tango: Theorizing intercorporeality through nakedness and eros in researching and writing organizations. In: Organization, Vol. 29, S. 596–618

Mandalaki, E./Pérezts, M. (2023): Abjection overruled! Time to dismantle sexist cyberbullying in academia, In: Organization, Vol. 31, S. 168–180

McRobbie, A. (2015): Notes on the perfect. In: Australian Feminist Studies, Vol. 30, S. 3–20

Menegatti, M./Rubini, M. (2017): Gender bias and sexism in language. In: Oxford Research Encyclopedia of Communication, Oxford, S. 1–24

O'Shea, S. (2019): Cutting my dick off. In: Culture and Organization, Vol. 25, S. 272–283

Phillips, M./Pullen, A./Rhodes, C. (2014): Writing organization as gendered practice: Interrupting the libidinal economy. In: Organization Studies, Vol. 35, S. 313–333

Pullen, A. (2018): Writing as labiaplasty. In: Organization, Vol. 25, S. 123–130

Pullen, A./Rhodes, C. (2008): Dirty writing. In: Culture and Organization, Vol. 14, S. 241–259

Rottenberg, C. (2018): The Rise of Neoliberal Feminism, New York

Sandberg, S. (2013): Lean in: Frauen und der Wille zum Erfolg, Berlin

Smolović Jones, S./Winchester, N./Clarke, C. (2021): Feminist solidarity building as embodied agonism: An ethnographic account of a protest movement. In: Gender, Work & Organization, Vol. 28, S. 917–934

Tannen, D. (1995): The power of talk: Who gets heard and why. In: Harvard Business Review, Vol. 73, S. 138–148

7

Fazit

Führung und alle beruflichen Positionen sind eng verbunden mit einzelnen Personen und ihrem Geschlecht und können sich kaum davon lösen. Für Führungspersonen und für alle, die mit anderen zusammenarbeiten und Führung gemeinsam gestalten, ist es deshalb wichtig, die sozial gewachsenen Stereotype zu kennen und zu verstehen, welche Auswirkungen sie auch noch heute im formal gleichberechtigten Arbeitsleben haben. Arbeit ist nicht neutral, hängt ab vom Geschlecht, von Herkunft und Hautfarbe und sozialer Schicht.

Löst sich denn dieses Problem der fehlenden Geschlechtergerechtigkeit und mangelnden Diversity heutzutage nicht von selbst? Gute Führung bedeutet heute weniger Konkurrenz, Aggression und kalte Kalkulation, sondern gute Kommunikation, Orientierung am Menschen, Empathie, Unterstützung – Eigenschaften, die stereotyp weiblich oder auch androgyn sind. Nennenswerte Umwälzungen haben sich jedoch bisher nicht überall ereignet, denn diese „weibliche Führung" ist oft bloße Ideologie und Zuckerguss über dem eigentlich knallharten profitorientieren globalen Wettbewerb, wo Frauen sich dann um die Kommunikation und die „menschlichen Ressourcen" kümmern, aber nicht um Führung und Strategie (Billing und Alvesson

© Der/die Autor(en), exklusiv lizenziert an Springer Fachmedien Wiesbaden GmbH, ein Teil von Springer Nature 2023
B. Biehl, *Gender und Leadership,* SDG – Forschung, Konzepte, Lösungsansätze zur Nachhaltigkeit, https://doi.org/10.1007/978-3-658-42540-1_7

2014, S. 215). Die Zusammensetzung bestimmter Zirkel hat sich bisher kaum geändert. Über die Zeit gewachsene Strukturen beweisen sich als beständig.

Es gibt nicht den einen, richtigen Weg für eine Frau oder Person aus einer in der Arbeitswelt marginalisierten Gruppe. Wenn wir Führung anders denken wollen, müssen wir auch antrainierte Vorstellungen über Geschlechter hinterfragen und Verhältnisse neu verhandeln. Das bloße Hervorheben von **Weiblichkeit** etwa wird von der Führungsforschung deshalb nicht geraten. Die Rede von vermeintlichen Unterschieden („Ich als Frau bin so-und-so!") ist eher hinderlich und führt erst zu vielen Differenzen. Das verstärkt unsere Wahrnehmung von binären Geschlechtern und verhindert neue Entwicklungen. Die Führungsforschung hebt hervor, dass es ein gemeinsames Umdenken geben muss, denn eigentlich gibt es keine Unterschiede zwischen den Geschlechtern und ihren Führungsstilen. Man geht davon aus, dass sich im Großen und Ganzen weibliche und männliche Führungspersonen nicht unterscheiden und dass das biologische Geschlecht nicht bestimmt, wie die Person führt. Es gibt unterschiedlichste Frauen und Männer, und Führungsstile sind von der individuellen **Persönlichkeit** abhängig, von der **Unternehmenskultur** (Kanzlei, Kunsthochschule oder Kindergarten), den **Umständen** (Krise) und von den speziellen Anforderungen an die Tätigkeit (Zeitdruck).

Es wird nun geraten, den **„eigenen Weg"** zu finden. Aber wie? Handlungsempfehlungen (Carli und Eagly 2011; Gillard und Okonjo-Iweala 2021) sind, den impliziten und tiefsitzenden Sexismus und Vorurteile zu erkennen, um die realen Auswirkungen auf Einstellungen, Praktiken und Systeme einschätzen zu können. Führung anders zu denken bedeutet, eine lange Reihe sogenannter biologischer, eigenschaftsbezogener oder natürlicher Annahmen zu hinterfragen, da viele Unterschiede der Geschlechter doch erst in der sozialen Interaktion, durch strukturelle und institutionelle Unterschiede entstehen – und damit aber auch neu konstruiert werden können.

Dieser eigene Weg kann vor allem **nicht alleine** gegangen werden. Individualismus und beispielsweise neoliberaler Feminismus führen eher nicht nach vorne (Rottenberg 2018). Einen künstlerischen Versuch hat Verena Landau als Artist in Residence der Konferenz „Jenseits von Wonder Woman und Superman: Zukunftsweisende Führung in Film und Serien" (Biehl et al. 2022) unternommen. Ihr Werk (s. Abb. 7.1) zeigt dystopische Elemente (links), unterschiedlichste Akteur*innen (Mitte), gemeinsames Handeln und ökologische Bezüge. Es gibt keine zentrale Führungsperson. Die Körperlichkeit hingegen ist immer noch ausbaufähig.

Die Forschung empfiehlt gemeinsames Handeln. Eine offene, anti-rassistische und transfreundliche Haltung wäre hier förderlich, die auch eine Neukombinationen von Verhaltensweisen erlaubt, sogenannte männliche und weibliche Attribute zu mischen, anders zu leben und neue Möglichkeiten für alle zu eröffnen (Mavin et al. 2014, S. 240). Aktivismus beinhaltet auch die Arbeit mit Theorie und Positionen, um sich zu artikulieren und zu verteidigen und um andere zu verstehen

Abb. 7.1 „Ein Bild von Führung: Leadership Development mit künstlerischen und bildhaften Methoden" von Verena Landau. (Quelle und Dokumentation: https://www.fernuni-hagen.de/chancengerechtigkeit/docs/dokumentation_vlandau.pdf mit freundlicher Genehmigung der Künstlerin)

(Sand et al. 2021). Solidarisierung beinhaltet, gemeinsam zu agieren, auch wenn nicht jede*r die Position der anderen teilt.

Hier ist wichtig zu verstehen, dass Führung kein rationales Konstrukt ist, kein Ding oder eine Einzelperson, sondern eine verkörperte Praxis, bei der Menschen in Beziehung zu anderen stehen. Das macht Führung auch zu einer ethischen Praxis, bei der Körper und affektives Einfühlen dabei helfen, Sorge für andere zu tragen. Wer sich öffnet, geht auch ein Risiko ein. Offenheit, Dialog und Austausch können aber auch Respekt füreinander bringen. Themen der verkörperten Erfahrung und Verletzlichkeit sind ein Trend in der Managementforschung (Satama et al. 2022).

Eine solche zukunftsweisende Perspektive auf Führung fordert Solidarisierung und gemeinsames Handeln, auch wenn nicht jede Person die Position der anderen teilt. Die vielbeschworenen Differenzen sind nicht nur Barrieren, sondern können Ressourcen für gemeinsame Arbeit werden, wenn sich die Akteur*innen aufeinander einlassen: Dazu gehört, Erfahrungen zu teilen und sich emotional in die Wahrnehmung anderer hineinzuversetzen, die symbolischen Ressourcen von anderen zu benutzen und zu zitieren, um ihnen Gehör zu verleihen, und schließlich gemeinsam aufzutreten (Smolović et al. 2021). Dazu gehört auch, die eigenen **Privilegien** zu sehen und zu hinterfragen.

Hier wird für eine **emotionale Solidarität** (Vachhani und Pullen 2019) geworben, die Verbindung und Gemeinschaft entstehen lässt und von der Unterstützung jener profitiert, die privilegiert genug sind, dass sie bestimmte Formen der Unterdrückung nicht erfahren mussten. Und das erfordert natürlich Mühe. Veränderung beinhaltet nicht nur Graswurzel-Initiativen, sondern auch wichtige institutionelle Arbeit mit Grundsätzen und Regelwerken, etwa in Bezug auf Elternzeiten, Arbeitsbedingungen, Entgelttransparenz, Lohnstufen und Bestimmungen, die alle Menschen unterstützen. Der Weg zu einer Solidarität, die auf Differenz basiert, benötigt einen Führungsansatz, der sich davon verabschiedet, rational, neutral und körperlos sein zu wollen, sondern anerkennt, dass Führung emotional, subjektiv und verkörpert ist und daraus auch Möglichkeiten schöpfen kann.

Literatur

Biehl, B./Weibler, J./ Referat Chancengerechtigkeit/Gleichstellungsstelle (2022) Jenseits von Wonder Woman und Superman: Zukunftsweisende Führung in Film und Serien, Online-Tagung anlässlich des Weltfrauentags, FernUniversität in Hagen, 8.3. https://www.fernuni-hagen.de/gleichstellung/veranstaltungen/zukunftsweisende-fuehrung.shtml [10.1.2023]

Billing, Y./Alvesson, M. (2014): Leadership: A matter of gender? In: Kumra, S./Simpson, R./Burke, R. (Hrsg.): The Oxford Handbook of Gender in Organizations, New York, S. 200–222

Carli, L./Eagly, A. (2011): Gender and Leadership. In: Bryman, A./Collinson, D./Grint, K./Jackson, B./Uhl-Bien, M. (Hrsg.): The Sage Handbook of Leadership, London, S. 103–117

Gillard, J./Okonjo-Iweala, N. (2021): Women and Leadership: Real Lives, Real Lessons, Cambridge

Mavin, S./Williams, J./Grandy, G. (2014): Negative intra-gender relations between women. Friendship, Competition, and Female Misogyny. In: Kumra, S./Simpson, R./Burke, R. (Hrsg.): The Oxford Handbook of Gender in Organizations, Oxford, S. 223–248

Rottenberg, C. (2018): The Rise of Neoliberal Feminism, New York

Sand, F./Hofmann, L./Evert, F. (2021): Feminism is for everyone. Argumente für eine gleichberechtigte Gesellschaft, Hamburg

Satama, S./Biehl, B./Helin, J. (2022): Vulnerability and Embodied Experience in Organizations, 38. EGOS (European Group for Organizational Studies) colloquium: 2022 The Beauty of Imperfection (Conference Stream 66), Wirtschaftsuniversität Wien, 7–9.7.

Smolović Jones, S./Winchester, N./Clarke, C. (2021): Feminist solidarity building as embodied agonism: An ethnographic account of a protest movement. In: Gender, Work & Organization, Vol. 28, S. 917–934

Vachhani, S./Pullen, A. (2019): Ethics, politics and feminist organizing: Writing feminist infrapolitics and affective solidarity into everyday sexism. In: Human Relations, Vol. 72, S. 23–47

The manufacturer's authorised representative in the EU is Springer
Nature Customer Service Centre GmbH, Europaplatz 3, 69115 Heidelberg,
Germany. If you have any concerns regarding our products, please
contact ProductSafety@springernature.com

Printed and bound by CPI Group (UK) Ltd, Croydon, CR0 4YY
24/04/2026
02096352-0002